THE OLD
BUILDING

图书在版编目（CIP）数据

老建筑 / 张建编著. — 2版. — 天津：天津古籍出版社，2018.1
（天津城市景观丛书 / 赵维民主编）
ISBN 978-7-5528-0596-3

Ⅰ. ①老… Ⅱ. ①张… Ⅲ. ①古建筑-介绍-天津
Ⅳ. ①K928.71

中国版本图书馆CIP数据核字（2017）第309658号

老建筑

编　著：张　建
翻　译：李晓洁

出版人：张　玮
出版发行：天津古籍出版社（http://www.tjabc.net）
　　　　　天津市和平区西康路35号　邮编：300051
印　刷：北京印匠彩色印刷有限公司
经　销：全国新华书店发行
版　次：2018年1月第2版　2018年1月第1次印刷
开　本：787×1092mm　1/12
字　数：200千字
印　张：20
定　价：158元

序

周长林

天津是一座国家历史文化名城，具有深厚的历史文化底蕴和独具特色的人文景观，素有"万国建筑博览会"之称。一座座各具特色、饱含故事的建筑见证着这座城市不平凡的历史，同时又默默关注着这座城市的现在和未来。摆在我们面前的这本书正是一帧帧精美的天津老建筑照片，这些照片几乎囊括了天津重要的历史建筑，唤起了我们对这座城市的记忆。

作者将本书分为"传统古典建筑"和"近代建筑"两部分。传统古典建筑记载着天津古代，特别是1404年设卫筑城以后，以老城厢发展为主的城市变迁；大量的近代建筑则述说着近代历史风云，林立的租界记载了屈辱的历史，而别具风格的大量银行、商铺、名人故居和宗教建筑等则说明了当时天津作为通商口岸和"三北"经济中心的城市地位。

1860年以后，天津先后开辟了英、法、美、德、日、意、俄、奥、比等国租界，租界中的"小洋楼"是西洋文化和中国地域文化的承载体，种类繁多，风格各异。书中把近代建筑分门别类，分为办公、金融、商业、院校、文化、车站、码头、居住、军事和宗教等。每类都选择具有代表性、在近代史中具有重要地位的老建筑。可以说，每一栋老建筑都述说着一段令人荡气回肠的历史故事。五大道地区、解放北路地区和意式风情区等租界中的"小洋楼"各具特色，建筑风格包括古典复兴式、哥特式、巴洛克风格、新艺术派、折中主义、摩登式，同时又都带着天津地方特色。除了这些独具特色的老建筑，作者还收集了一些花园、广场和道路、桥梁的照片。这些城市景观与老建筑一样，也是当时城市和社会生活不可或缺的重要组成部分。

难得的是，本书无论是老建筑还是花园、广场、道路、桥梁，作者都展示了它们的新旧对比。我们不仅能够一睹老建筑的新面貌，还能够跨越时空，看到曾经的历史画面，形成鲜明的对比。这对比，不仅使我们强烈地感受到时代的变迁，还能够让我们产生更多的回味。

建筑是凝固的音乐，天津的老建筑中西合璧、古今交融，是一曲名副其实的交响乐。现在就让我们跟随作者，来倾听这一曲华彩乐章吧！

The Foreword

By Zhou Changlin

Tianjin is a nationally renowned city with rich history and cultural heritage as well as unique character of civilian life style and landscape. She is often referred to "The Expo of Multinational Architectures". Those characteristic buildings have become the witness of an extraordinary past of this city and now they are beholding her present and future. This book has included almost all the exquisite old photos of those magnificent buildings in the city, covering all the important historic architectures which reminisce our memory of Tianjin.

The book is divided into two parts: "Traditional Classic Architecture" and "Modern Architecture". The classic architecture narrates the city's evolution since her founding as a fortress in 1404, centered around the development of "The Walled City". A large number of modern architectures describe her history in recent times, which includes various foreign concessions as a record of a humiliating memory in history, and many characteristic buildings of banks, stores, celebrity residence and religious site also depict a picture of Tianjin as an open port and a center of tri-north economic area.

Since 1860, many multinational foreign concessions were setup in Tianjin, including British, French, American, German, Japan, Italian, Russian, Austria and Belgium. Those "Small Mansion" in the area enjoy various kinds and styles and have become the carrier of western and Chinese regional cultures. In the book, modern buildings were categorized as office, financial, commercial, school and hospital, cultural, station and pier, residence, military and religious. Only the most representative and critically important buildings were selected from each category, and each has an exhilarating story in history to tell. Those small mansions in WuDaDao area, JieFangBeiLu area and Italian style zone are full of characters, which architecture style includes classical renaissance, gothic, baroque, neo-artistic, eclectic, modern, all with a rich local taste of Tianjin. Besides those magnificent old buildings, author also includes some photos of gardens, squares, roads and bridges, together with other old buildings, they are the essential components of city and social life of that era.

The quintessence of this book is a display of contrast between old and new photo, whether it is an old architecture, or a garden square or roads and bridges. Readers not only are able to view the new image of the old architecture, but also be able to transcend the time and space to witness the scene in history as a striking contrast. This will not only struck the reader with a strong sense of evolution in time but also prompt them for more recollection of past.

Architecture is frozen music. The old buildings in Tianjin are complex of China and west, past and present, and are well regarded as an authentic symphony. Now please allow us to stroll with the author and to listen to this splendid music.

目录

10 临摹记忆中的城市

19 古典建筑
- 独乐寺 / 20
- 天后宫 / 21
- 玉皇阁 / 22
- 文庙 / 23
- 鼓楼 / 24
- 金家窑清真寺 / 25
- 东门牌坊 / 26
- 文昌阁 / 27
- 大悲禅院 / 28
- 清真大寺 / 29
- 吕祖堂 / 30
- 石家大院 / 31
- 李纯祠堂 / 32

33 办公建筑
- 原大清邮政津局 / 34
- 原戈登堂 / 35
- 原俄国领事馆 / 36
- 原北洋银元局 / 37
- 原意国领事馆 / 38
- 原华北水利委员会 / 39
- 原紫竹林华商公会 / 40
- 原开滦矿务局 / 41
- 原法国领事馆 / 42
- 原工商学院行政楼 / 43
- 原法国工部局 / 44
- 原法国警察局 / 45
- 原英国总领事馆 / 46
- 原东光大楼 / 47

49 金融建筑
- 原华俄道胜银行 / 50
- 原金城银行 / 51
- 原北洋保商银行 / 52
- 原东方汇理银行 / 53
- 原朝鲜银行 / 54
- 原中法储蓄会 / 55
- 原中法工商银行 / 56
- 原花旗银行 / 57
- 原大陆银行 / 58
- 原中国实业银行 / 59
- 原华比银行 / 60
- 原浙江兴业银行 / 61
- 原四行储蓄会 / 62
- 原华义银行 / 63
- 原汇丰银行 / 64
- 原大陆银行仓库 / 65
- 原麦加利银行 / 66
- 原横滨正金银行 / 67
- 原中央银行天津分行 / 68
- 原盐业银行 / 69
- 原东莱银行 / 70
- 原新华信托储蓄银行 / 71
- 原邮政储金汇业银行 / 72

73 工贸建筑
- 大沽船坞 / 74
- 原太古洋行 / 75
- 原济安自来水公司 / 76
- 原法国电灯房 / 77
- 原比商电车电灯公司 / 78
- 原造币总厂 / 79
- 原启新洋灰公司 / 80
- 原久大精盐公司 / 81
- 原瑞隆洋行 / 82
- 原怡和洋行 / 83
- 原建物房产株式会社 / 84
- 原先农公司 / 85
- 原美丰洋行 / 86
- 原东亚企业公司 / 87
- 原比商仪品公司 / 88
- 原河东电厂 / 89
- 原大丰洋行 / 90
- 原大来洋行 / 91
- 原九鬼洋行 / 92

93 商业建筑
- 利顺德饭店 / 94
- 盛锡福 / 95
- 原老九章绸缎庄 / 96
- 原裕中饭店 / 97
- 原国民饭店 / 98
- 原玉清池 / 99
- 原中原公司 / 100
- 原百福大楼 / 101
- 原电话局北分局 / 102
- 原DD饭店 / 103
- 原大华饭店 / 104
- 劝业场 / 105
- 原交通饭店 / 106
- 原惠中饭店 / 107
- 原大阔饭店 / 108
- 渤海大楼 / 109
- 利华大楼 / 110

原维克多利餐厅 / 111
原惠罗公司 / 112
四面钟 / 113
原招商局公寓 / 114
原芙蓉新馆 / 115
原常磐旅馆 / 116

117
院校建筑
南开学校 / 118
原北洋女师范学堂 / 119
扶轮中学 / 120
原圣心医院 / 121
思源堂 / 122
原工商学院 / 123
原英国公学 / 124
范孙楼 / 125
原北洋大学南楼 / 126
原天津公学 / 127
耀华学校礼堂 / 128
原日本商业学校 / 129
原培植小学 / 130
天津大学 / 131

133
文化建筑
原英国俱乐部 / 134
原大公报馆 / 135
原德国俱乐部 / 136
原天津印字馆 / 137
原光明社 / 138
原北疆博物馆 / 139
原平安电影院 / 140
原东天仙戏园 / 141
原美国海军俱乐部 / 142
原乡谊俱乐部 / 143
原法国俱乐部 / 144
原回力球场 / 145
中国大戏院 / 146
原光陆电影院 / 147
原天津商报馆 / 148

149
园林建筑
原荣园 / 150
原维多利亚花园 / 151
原劝业会场 / 152
宁园 / 153
原法国花园 / 154
马可·波罗广场 / 155

157
道桥建筑
宫南、宫北大街 / 158
原海大道 / 159
原大法国河坝 / 160
原维多利亚道 / 161
原福煦将军路 / 162
原马场道 / 163
原大法国路 / 164
原梨栈大街 / 165
原博罗斯道 / 166
原福岛街 / 167
原曙街 / 168
原宫岛街 / 169
原寿街 / 170
原芙蓉街 / 171
原英法租界交界 / 172
原明石街 / 173
元纬路 / 174
原大马路 / 175
原旭街 / 176
原法日租界交界 / 177
原红墙道 / 178
原香港道 / 179
原伦敦道 / 180
原丰领事路 / 181
原七月十四日路 / 182
原贝拉扣路 / 183
金钢桥 / 184
金汤桥 / 185
耳闸 / 186
原万国桥 / 187
大红桥 / 188

189
交通建筑
原紫竹林码头 / 190
原俄租界码头 / 191
原天津总站 / 192
天津西站 / 193

195
居住建筑
王郅隆旧宅 / 196
梁启超旧宅 / 197
袁氏旧宅 / 198
李吉甫旧宅 / 199
段祺瑞旧宅 / 200
眷玉甫旧宅 / 201
刘冠雄旧宅 / 202
张勋旧宅 / 203
高树勋旧宅 / 204
吴毓麟旧宅 / 205
李勉之旧宅 / 206
易兆云旧宅 / 207
孙良诚旧宅 / 208
曹锟旧宅 / 209
张园 / 210
疙瘩楼 / 211
民园大楼 / 212
香港大楼 / 213
日式民宅 / 214
法式民宅 / 215

217
军事建筑
大沽口炮台 / 218
原法国兵营 / 219
原意大利兵营 / 220
原美国兵营 / 221
原武德殿 / 222
原维德洛兵营 / 223
原美国旧兵营 / 224

225
宗教建筑
仁慈堂 / 226
紫竹林教堂 / 227
望海楼教堂 / 228
原崇德堂 / 229
原圣心教堂 / 230
原基督教青年会 / 231
西开教堂 / 232
原共济会会所 / 233
仓门口教堂 / 234
原安里甘教堂 / 235
原犹太教堂 / 236

237
后记

Contents

10
Drawing the City in Memory

19
Classical Architecture
Du Le Temple / 20
Tian Hou Temple / 21
Yu Huang Temple / 22
Confucian Temple / 23
Bell Tower / 24
Jin Jia Yao Mosque / 25
East Entrance Tower / 26
Wen Chang Tower / 27
Da Bei Temple / 28
Grand Mosque / 29
Lv Zu Tang / 30
Shi Family Court House / 31
Li Chun Ancestor Hall / 32

33
Office Buildings
Former Post Office of Qing Dynasty/ 34
Former Gordon Hall/ 35
Former Russian Consulate/ 36
Beiyang Mint Office/ 37
Former Italian Consulate/ 38
North China Water Resources Committee Building/ 39
Zizhulin Merchant Association/ 40
Kailuan Coal Mine Bureau/ 41
Former French Consulate/ 42
Administrative Building of Technical & Commercial College/ 43
Former French Municipal Council/ 44
Former French Police Office/ 45
Former British Consulate General/ 46
Dong Guang Building/ 47

49
Financial Buildings
Former Russo-Asiatic Bank/ 50
Former Jin Cheng Bank/ 51
Former Commercial Guarantee Bank of China/ 52
Former Banque de l'Indochine/ 53
Former Korean Bank/ 54
Former Sino-French Saving Bank/ 55
Former Sino-French Industrial & Commercial Bank/ 56
Former Citi Bank/ 57
Former Continental Bank/ 58
Former China Industry Bank/ 59
Former Belgian Bank/ 60

Former Zhejiang Xingye Bank/ 61
Former Si Hang Saving Bank/ 62
Former Italian Bank/ 63
Former HSBC/ 64
Former Continental Bank Warehouse/ 65
Former Chartered Bank of India Australia & China/ 66
Former Yokohama Specie Bank/ 67
Former Central Bank Tianjin Office/ 68
Former Yanye Bank/ 69
Former Donglai Bank/ 70
Former Sino Trust & Saving Bank/ 71
Former Post Saving Bank/ 72

73
Industry and Trade Buildings
Dagu Ship Dock/ 74
Former Butterfield & Swire/ 75
Former Ji'an Water Company/ 76
Former French Lighting House/ 77
Former Belgium Bus & Lighting Company/ 78
Former Mint Factory/ 79
Former Qixin Cement Company/ 80
Former Jiuda Chemical Company/ 81
Former Davis R. S./ 82
Former Jardine Matheson & Co./ 83

Former Tokyo Tatemono/ 84
Former Tianjin Land Investment Co., Ltd./ 85
Former Andrew & George Co., Ltd./ 86
Former East Asia Enterprise Company/ 87
Former Crédit Foncier d'Extrême-Orient/ 88
Former Hedong Power Plant/ 89
Former Anglo-Danish Shipping Co./ 90
Former Dollar Co., The Robert/ 91
Former Kuki Yoko/ 92

93
Commercial Buildings
Astor Hotel/ 94
Sheng Xi Fu/ 95
Former Lao Jiu Zhang Silk Store/ 96
Former Imperial Hotel/ 97
Former Guomin Hotel/ 98
Former Yu Qing Chi/ 99
Former Zhongyuan Department Store/ 100
Former Belfran Building/ 101
Former Telephone Company North Branch/ 102
Former DD Hotel/ 103
Former Dahua Restaurant/ 104
Quan Ye Chang Department Store/ 105
Former Communication Hotel/ 106

Former Huizhong Hotel/ 107
Former Dakuo Hotel/ 108
Bohai Tower/ 109
Lihua Building/ 110
Former Victoria Restaurant/ 111
Former Whiteaway Laidlaw & Co./ 112
Si Mian Zhong Tower/ 113
Former Commerce Bureau Apartment/ 114
Former Hibiscus New Building/ 115
Former Tokiwa Hotel/ 116

117
School and Hospital Buildings
Nankai School/ 118
Former Beiyang Female Normal School/ 119
Fulun Middle School/ 120
Former Sacred Heart Hospital/ 121
Siyuan Tang Building/ 122
Former Technical & Commercial College/ 123
Former British Public Schooll/ 124
Fansun Building/ 125
Former Beiyang University South Building/ 126
Former Tianjin Public School/ 127
Yaohua School Auditorium/ 128
Former Japanese Commerce School/ 129

Former Peizhi Elementary/ 130

Tianjin University/ 131

133
Cultural Buildings

Former British Club/ 134

Former Dagong News Agency/ 135

Former German Club/ 136

Former Tianjin Press/ 137

Former Guangming Cinema/ 138

Former Beijiang Museum/ 139

Former Ping'an Cinema/ 140

Former Dongtianxian Opera House/ 141

Former American Marine Club/ 142

Former Country Club/ 143

Former French Club/ 144

Former Racquet Ball Court/ 145

China Grand Opera House/ 146

Former Guanglu Cinema/ 147

Former Tianjin Commerce News Agency/ 148

149
Landscape Buildings

Former Rong Garden/ 150

Former Victoria Park/ 151

Former Quanye Park/ 152

Ning Park/ 153

Former French Park/ 154

Marco Polo Piazza/ 155

157
Road and Bridge Buildings

Gongnan Gongbei Avenue/ 158

Former Dagu Road/ 159

Former French Quay/ 160

Former Victoria Road/ 161

Former Rue Maréchal Foch/ 162

Former Race Course Road/ 163

Former Rue de France/ 164

Former Lizhan Avenue/ 165

Former Bruce Road/ 166

Former Fukushima Avenue/ 167

Former Swertia Avenue/ 168

Former Miyajima Avenue/ 169

Former Shou Avenue/ 170

Former Hibiscus Avenue/ 171

Former British & French Concession Junction/ 172

Former Akashi Avenue/ 173

Yuanwei Road/ 174

Former Grand Road/ 175

Former Xu Avenue/ 176

Former French & Japanese Concession Junction/ 177

Former Recreation Road/ 178

Former Hong Kong Road/ 179

Former London Road/ 180

Former Rue Fontanier/ 181

Former Rue de 14 Juillet/ 182

Former Rue de Pélacot/ 183

Jingang Bridge/ 184

Jintang Bridge/ 185

Ear Dam/ 186

Former International Bridge/ 187

Dahong Bridge/ 188

189
Station and Pier Buildings

Former Zizhulin Pier/ 190

Former Russian Concession Pier/ 191

Former Tianjin Railway Station/ 192

Tianjin Railway West Station/ 193

195
Residential Buildings

Wang Zhilong former residence/ 196

Liang Qichao former residence/ 197

Yuan Family former residence/ 198

Li Jifu former residence/ 199

Duan Qirui former residence/ 200

Zi Yufu former residence/ 201

Liu Guanxiong former residence/ 202

Zhang Xun former residence/ 203

Gao Shuxun former residence/ 204

Wu Yulin former residence/ 205

Li Mianzhi former residence/ 206

Yi Zhaoyun former residence/ 207

Sun Liangcheng former residence/ 208

Cao Kun former residence/ 209

Zhang Family former residence/ 210

Ge Da Building/ 211

Min Yuan Building/ 212

Hong Kong Building/ 213

Japanese style residence/ 214

French style residence/ 215

217
Military Camp Buildings

Dagu Fort/ 218

Former French Military Camp/ 219

Former Italian Military Camp/ 220

Former American Military New Camp / 221

Former Wude Building/ 222

Former Wetherall Billet/ 223

Former American Military Old Camp / 224

225
Religious Buildings

Ren Ci Tang/ 226

Saint Louis Church/ 227

Notre-Dame des Victoires Cathedral/ 228

Former Mission des P. Jesuites/ 229

Former Sacred Heart Church/ 230

Former Young Men's Christian Association/ 231

Xikai Church/ 232

Former Freemasonry Building/ 233

Cangmenkou Church/ 234

Former All-Saints Church/ 235

Former Jewish Church/ 236

237
Postscript

Translation by Xiaojie Li

临摹记忆中的城市

Drawing the City in Memory

张建

国力增强的外在表现,就是突飞猛进、日新月异的城市建设,报纸上经常有这样的描述:号称"活地图"的老城市人竟然迷失了方向,于是感叹"我们的家乡变化太大了!"据说,这几年新地图出版的速度,赶不上城市拆迁改造的速度,老百姓改善居住条件的渴望,与个别官员们疯狂彰显政绩的需求"一拍即合",从而加快了破旧立新的步伐。但是,当高楼大厦不断崛起时,当我们收获了满眼的玻璃幕墙和日益膨胀的自信心时,我们的心里却依然有种莫名其妙的孤寂与失落:难道有了繁华,就要丢掉恬静;有了气势,就得丢掉品味;有了时尚,就得丢掉沧桑吗?如果说尊老爱幼是中华民族的传统美德的话,那么它不单单只对人,还应包括世代传承我们历史与文化有形的载体——老建筑、老街区、老物件等等。也正是由于它们的存在,历史才不容被质疑,过往的生活形态才会随时被召唤回来。我们珍惜历史,既不希望永远的老态龙钟,也不希望一味地喜新厌旧、改头换面。

照相机发明至今已经170多年了,人们压根儿也没想到每按动一下快门就会留下一个历史的瞬间。不管人物、静物还是景物,在沉淀上百年后,又逐渐变成了文物。试想假如没有照相机和拍摄者,我们怎样才能把目光一下子投向那个早已逝去的年代?怎样才能在那样一个久远的氛围里,折射出当今的变迁?人们对老照片之所以情有独钟,其实更多的是表露出一种寻根的情思。这种情思被老照片中的影像感染、激活,进而升腾出对昔日的窥视、怀恋与回味。假如我们这座城市压根儿就没有老照片,那也不会产生如此这般的魂牵梦萦;假如现实中再也寻找不出一丁点儿老照片的痕迹,那也不会产生同宗同祖的血缘之情。有专家说,旧街区并非历史的标本,而应作为鲜活的生命存在并延续下去。

"老景新拍"的由来

2003年,天津《今晚报》副刊版开辟了一个新专栏,名为"图说天津"。一时间征集来大批有关天津旧时的老照片,那些老照片大致分为四种类型:建筑、街道、民俗、事件。那时,数码相机还没普及,电子文件更是不为人们所知,因此读者报送的老照片几乎都是实物。于是,副刊部主任就让我帮着翻拍这些老照片。一方面为了刊发,另一方面为了留存资料。他们知道我做事心细,基本功又扎实,尤其对"老东西"较有兴致,所以不用过多交代就能满足他们的要求。那个阶段我依然在使用传统照相机,翻拍老照片用的都是胶卷,所以技术上多少还是有些讲究的。老照片的大小规格不一,品相优劣不一,图像深浅不一,翻拍时我选择不同的镜头和最合适的光线,尽可能对老照片实施一种"补救",也就是说,翻拍后的"老照片"甚至比原件的效果还好。不管怎么说,那一次我真是开了眼:过去虽见过一些老照片,却从未集中见过这么多珍贵的老照片,尤其那些百年前的老街旧巷,仿佛电影场景一样在眼前浮现着、滚动着……

老照片,给人留下的却是新感觉。由于时间的交错与拉伸,你会恍如隔世般地在老照片和新印象里穿梭。这种反复的叠加与对照,忽然廓清了我眼前的迷雾,何不进行一次"老景新拍"呢?即按老景原貌重新拍摄,以获取"新"与"旧"的视觉转换。想来确有意思,老照片所记录的建筑或街区几乎都是当年落成后不久拍摄的,相对今天来说应该是"新景";而当你再次面对照片上的"新景"时,才惊奇地发现因岁月的磨砺,它们早已变成了"老景";在给这些"老景"拍摄"百岁照"时,呈现在眼前的画面又似乎是一种"新景"。抓住"老景"与"新拍"两个重要节点,就会使这个专题充满对应之美、神奇之美。于是,我从2003年开始投入到这一专题的探索与拍摄中。

城市的变与不变

有一种游戏叫"找不同",把两幅照片或图画人为地并列在一起,乍看一模一样没什么区别,而仔细比对才会发现,其间会有一些不易察觉的改动。这种似是而非、掩人耳目的游戏旨在锻炼人的眼力以获取"发现"的快感。而"老景新拍"就有相似的功能,只是它所展现的"相同"与"不同"都是客观的,是实实在在的、立体的、既看得见又摸得着的,因而它蕴涵的内容也就更加丰富。"老景新拍"与"找不同"的区别在于,它的第一步不是"找不同",而是"找相同",也就是说,先给这些老照片对号入座,找到原本属于它们的"家"。这个过程看似简单,实则需要花费很多的时间与精力。这里主要有三种情况:一种属于个性突出的、使人过目不忘的标志性建筑,一看老照片便能知道它的身世和所在;一种是老照片所记录的市容街貌,经过反复

图为在拍摄位于长春道上的原天津商报馆外景时

手绘老照片示意图

比对、搜寻,现已面目全非;还有一种是经过多次考证,依然无法确认或早就消失殆尽。如此说来,"找相同"就是要鉴别老照片中所记录的主体是否"健在",所记录的主体其外貌特征是否大部分仍被保留,相同点越多,拍摄效果越好,拍摄难度越小,反之就失去了"老景新拍"的意义。所以,即便老照片很多,也不一定都能符合"新拍"的要求,更无法预知最后的结果。从这些年收集的老照片看,起码有三分之二找不到归宿,留下的三分之一,还有可能因各种特殊情况难以落实。

多年来,我就是靠着自强不息的毅力,坚守并实施着这个专题,其间的苦与乐贯穿始终。有时,我在翻阅那一对对犹如"找不同"游戏般的,来自百年和取自当下的新老影像时,仿佛体会到时空的突然压缩,一百年前与一百年

原东方汇理银行旧貌　　　2005年对照老照片拍摄的现状　　　2009年复原后的再次拍摄

从"百岁照"读出的内容

后，仅仅被简化成两张纸片……然而，当你仔细读来，才会发现城市在百年间始终处在变与不变的起伏跌宕中，也就是说，不变是相对的，变是绝对的，这种变与不变的客观现实，也就成为我多年以来反复跟踪、不断充实的动力。比如，你刚刚完成对老照片的"临摹"，转眼间那座伫立百年的老建筑就因城市改造，像风一样消失在地平线，于是新拍的照片就成了它们的"遗像"。又如，有些早已从老照片中失去的历史遗迹，又梦幻般地得到重新恢复，于是我就如同为"起死回生"的模仿秀拍摄"生日照"。一方面，我们不停地强调修旧如旧、保持原汁原味，另一方面，又习惯把本来有着深厚历史文化积淀的风貌建筑落地重建；一方面，把这些文化遗产视为财富，实施登记、挂牌、立法，另一方面，在建设与开发中，常常把这些"老东西"作为城市建设的"牺牲品"。这就是我的"老景新拍"总也完不成的原因。"幸存者"的命运永远掌握在现代人的手里，变与不变都有它的理由和依据。由此可见，"老景新拍"真得很脆弱，很无奈，同时也很有意义。

老照片看多了，也就大致弄清了他们的归属及来源：一部分是当时在津的外籍人士游历天津时随手拍摄的。这部分照片由于专业技术水平有限，所以在构图上、用光上、操作上，就显得比较粗糙，有的甚至歪歪扭扭，再加上时间久远，照片褪色程度严重，直观效果都不很理想。但是，往往这类照片是"唯一"的、"独家"的，不会有任何的重复，因而也就最珍贵。另一部分是照相馆或某公司印制发行的明信片，如：中国摄影公司、东京建物公司、中裕洋行、鼎章照相馆等，它几乎成为老照片来源的主体。目前发现的记录天津实景的明信片不下几十种，其中日本人印制的居多。其内容主要涉及景致和事件两大种类。在景致方面，除了着眼于日租界内的街道、公园和重要公共建筑外，也介绍英、法、德、意、俄等租界的标志性街区。特别是他们出版的介绍天津风景的明信片，还都选取了天津本土的重要历史遗迹，如鼓楼、天后宫、李公祠、北大关、东北角、宁园等。由于印刷品

图为在拍摄位于解放南路原德国俱乐部时用于参照定位的草图

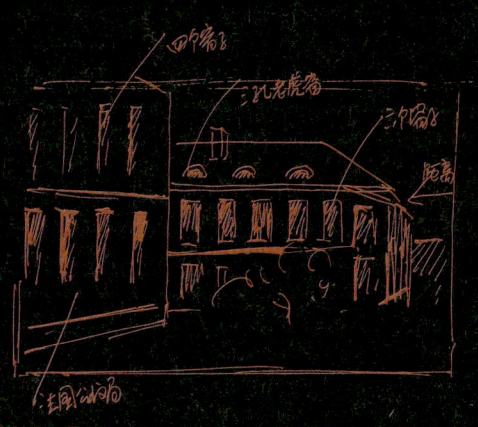
图为在拍摄位于解放北路与承德道交口处的原华义银行时使用的参考图

图为在拍摄位于长沙路的民园大楼时使用过的摄制草图

包含一定的设计和装饰成分,所以明信片中再现的建筑及环境颜色,很可能与实际不符。同样一个建筑物,几种不同的明信片就有若干种描绘(那时都是手工着色),所以,我在采用这些老照片时,一律转化成黑白效果。在事件方面,主要集中在对灾难的记载。如1939年的特大洪水肆虐天津时的情景,1937年日本轰炸机炸毁南开大学、东马路、河北大经路一带大片民房和公用设施的惨状等等。他们出于占领者、胜利者的心态,以明信片的形式大量散发并鼓励日本军人寄往家乡"报喜"。第三部分老照片源自当年的报纸、书刊,多为在津外籍人士出版的游记、史学考察、回忆录等。

从老照片的存市量和内容倾向上可以判断,前人用镜头瞄准的那些场景或者说那些拍摄主体,都是当时最引人注目的、最体现实力的、最具有特色的、最优美繁盛的。比如日租界的旭街和法租界的梨栈大街(即现在的和平路),几乎成为每套明信片的首选,其拍摄角度、拍摄年代都是最丰富的。再如,法租界的大法国路和英租界的维多利亚道(即现在的解放北路),其沿街的典型建筑差不多都被摄影者记录在内,几乎都能找到当年落成不久时的影像,尤其是汇丰银行、横滨正金银行、华俄道胜银行、戈登堂、英国球房、利顺德饭店、维多利亚公园的私人照片、刊发照片、明信片样式最多,品质最好。

时至今日,我之所以能够实现"老景新拍"的初衷,既感谢前人这么有眼力、有远见地留下一批可供临摹的城市记忆,又应感谢当今的管理者转变观念后,将人类共有的代表人文精神和连接历史脉络的老街旧巷、古建筑保存下来,并加以抢救、医治、疗伤、养护、再生,才使这些历尽艰辛、风侵雨蚀的遗迹、遗址,真真切切地呈现在我们面前,才能使"新"与"旧"产生互动,并用自己的眼睛在两个相隔百年的视觉空间里,随心所欲地跳跃、寻觅、思考,让我们从中发现一些特别有趣的现象。比如,好几幅老照片中的电线杆,现在依然立在原处,尽管多次更换,其位置并未改变。比如,路口处的老邮筒不知翻新过多少次,却久久不肯离位。比如,指挥交通的警察竟然还站在原地守候着过往的车辆。是无独有偶呢?还是世代相传呢?约定俗成往往被历史演化成一种不易更改的思维定式和行为习惯,更确切地说,若干个约定俗成堆积在一起便形成一种体系,也就是人们生活的"气场",无所谓科学不科学,顺其自然就是合理的,就是传统的,并最终成为文化的。

追寻的难度

真没想到一个"老景新拍"竟然花费我这么大的精力,也没想到一个"老景新拍"竟然让我十几年不辍!也许有人会说,至于嘛,不就是按老照片重拍一遍吗,能有什么难度,是不是夸大其词?如果从拍摄技巧上说,的确没有什么讲究,就是想发挥也不允许。因为老照片就是样板,前人拍摄的时候或许只是一种简单的记录,其间没有夹杂任何的"艺术"考量。但是,真正操作起来才知道,面对同样的拍摄对象,站在同一个角度,参照老照片相同的取舍,拍成与老照片一模一样的图像几乎不可能,这里说的不是拍摄对象的变化,而是因为拍摄环境的变化、使用相机的变化,造成"新"与"旧"的无法重合。比如,前人在拍摄老照片时,周围的许多建筑还未兴建,所以拍摄距离就比较从容,而现在即便角度找好了,也不一定有足够的空间,因此不得不用特殊镜头来弥补这种遗憾。又如,前人使用的照相机与我们现在使用的照相机,在成像指标上有区别,因此,拍"像"了,就得需要反复的"矫正"。再如,有的拍摄对象,一年之中只有某一个时间段能见到阳光,你就得不断去观察、静心地等待,然而,即便光线满意了,也许正赶上当时施工或周围停满车辆,就只能耐着性子拍来拍去,直到差不多为止。尤其有的建筑始终被茂密的树木遮掩着,只有到了冬季才能显露一些,常常是由主动拍摄变为被动等待。这些年我的口袋里始终揣着手绘的老照片小样,拍成一张,销毁一张,以获得心理上的释然。

为了追求"完美",我不断地在"淘汰"和"获取"中激励自己。比如,找到品质更好的老照片,我就把原来的那一组全部废掉重拍;比如,老照片中的建筑得到整修或部分恢复,就替换原来拍摄的照片,以丰富现有的参照指数。其实就是想让新拍的照片,更像老照片。例如,几年前我在拍摄位于解放北路与赤峰道交口处的东方汇理银行旧址时,按老照片显示,右侧是原中法储蓄会一角,东方汇理银行楼顶还有三座优美的角亭,而当时角亭均因1976年地震被去除,拍摄时我特意留出空间,以强调相同中的不相同。几年以后,画面里的中法储蓄会大楼因道路拓宽被拆除,我不得不再找另外的老照片重新拍摄,而到了2009年12月,三座角亭按原样恢复完成,我又多次到现场找感觉,前后跨越了四五年。

规模与价值

在涉足"老景新拍"这个专题时,没想过最后要拍到多少组,最初能达到要求的老照片确实难找,一旦发现就如获至宝,也不管图片的内容有无重复,只要新老照片能对应上就兴奋得要命,根本舍不得随便放弃。就这样,几年过来才陆陆续续完成了几十组,但总的来说,我觉得这个路子还是对的,据我所知那时还没有人像我这么大规模地进行"老景新拍",与此同时我也做好了打持久战的准备,那时在我内心确定了一个目标:完成100组。

在以后的日子里,我利用各种渠道搜寻老照片,俗话说,功夫不负有心人,经过不懈的努力,100组"老景新拍"终于呈现在自己面前。虽然有的不太理想,但总算达到了一定的规模。之后,我面对这样一个可观的"基数",开始着手实施优化,先是给每组照片配写文字说明。这一写不要紧又生出两个难题,一是有些街区或建筑根本无据可查,翻阅大量资料也找不出任何记载,因此不得不舍弃;另一个是若干老照片拍摄的是同一条

2012年根据"老景新拍"所完成的素材自行编辑设计的《城市档案》样式

图为在拍摄位于和平路与滨江道交口处的原浙江兴业银行旧址时手绘的拍摄草图

收集到的利顺德老照片　　2005年按照老照片拍摄的情景　　2015年4月恢复原貌后的再次拍摄

街道的不同节点，全部配上说明文也比较困难。比如，当年记录日租界旭街（现和平路）的照片、明信片很多，虽然反映的区段不一样，但无法避免内容的重复。为了保证选材丰富、辐射面广，我只得挑选其中一张，其余不得不忍痛割爱。如此这般，已经完成的100组"老景新拍"，最后仅剩下三分之二。虽然非常心疼，但无形中提升了这个专题的档次，而后我又突发奇想，何不把这些难得的"老景新拍"设定在一个可视的范围内，作为一种史料来体现呢？我先是把新老照片剪裁成一样大小，附上说明，装裱在黑色卡纸上，然后制作成册。我时常拿来翻看，似乎聆听到新老照片的百年对话，尽情搜索着由"黑白"转为"彩色"后的时代留痕。终于有一天，我想把它制作成《城市档案》，以最简便的方法、最容易查阅的样式推荐给更多的读者。于是，我设计了一个适宜承载这个专题的固定模式，重点展现六个方面的要素：第一是内容的主体，即老照片和新照片；第二是照片记录的名称；第三是被摄主体的始建年代；第四是坐落位置；第五是历史背景及简介；第六是现状。这样的创意不仅渲染和强化了历史的厚重与史实的可信度，而且增加了收藏价值。

2011年是我从事这个专题最有进展的一年。这一年，我的《城市档案》总数不仅上升至182组，而且把已拍过的100多个点位，又实施了重新拍摄，使其更加系统、更加完整、更接近当下。做这件事，其实就是给百年来的城市发展轨迹搞一次普查，究竟哪些还健在，哪些已病危，哪些又重生，哪些已消亡，反反复复这几年下来，均达到了心知肚明的程度。

2014年是我从事这个专题最有突破的一年。这一年，超出预想，终于以200组的总量完美封镜。虽然我涉及的这200处历史遗迹，不足以概括全市的现存，但它涵盖的范围与政府给出的名录基本吻合。比如，在这200个点位里，被列为全国重点文物保护单位的28个单项中，有19项得到体现；在被列为天津市文物保护单位的113个单项中，有52项得到体现；在61处被确定为天津市特殊保护等级的历史风貌建筑中，有46处得到体现，占全部"特保"的76%；在210个天津市重点保护等级历史风貌建筑中，有56处实现了新旧对照。由此说来，这部《城市档案》还是具备一定典型性的。但愿几十年后，我临摹的这部分"城市记忆"也被当作"老照片"，并以此作为参照继续得到关注和追踪，看看这个城市在向现代化迈进的过程中，究竟能给历史留下多少空间。

困惑与欣慰

投入这样一个耗时费力的专题，使我消除了许多功利思想，反而增强了对这个城市建设、发展、继承、保护的关注程度。我只是一个微小的个体，无力参与和谏言城市建设，也无法阻止个别历史风貌建筑的毁坏与拆除，我的责任仅仅是用照相机留住某一时段的影像，以供后人在涉及这个层面的研究课题时加以论证。十多年来，我在临摹城市记忆的过程中，在手持老照片一遍又一遍地审视历史遗存的现状时，亲历和目睹了兴起与消失、损毁与保护的激烈的碰撞。旧城区是经过几十年、上百年、几百年积淀下来的，无论它的街巷还是它的房屋，都凝练成了一部完整的史书，保留、保护那些标志着昔日文化动向和科学水平的，或具有特殊人文意义的历史建筑，才会使一个城市的文化基因绵延不绝，才会使一个城市永远焕发出不朽的魅力与光彩，甚至说它是一个民族或一个地区继承、发展先进文化不可或缺的基础。每座城市都有自己的历史，

图为在拍摄位于湖北路上的原英国公学即现在的天津二十中学时手绘的定位草图

都可以找出城市发展的痕迹和建筑文化演变的脉络。特别是天津，从1860年，英国驻华公使卜鲁斯依据《北京条约》中"准许英国侨民在通商口岸租地赁屋"规定，照会直隶总督恒福，强令划出英租界以来，先后有9个国家在此瓜分、侵占主权领土，顶峰时租界的面积已累计达到1533.4公顷，相当于天津旧城的8倍。如果说上海租界是"冒险家的乐园"，那么天津租界便以失意的王公贵族，下台的军阀、官僚、政客麇集的庇护所和安乐窝而称著。正因如此，各国租界才兴建了大批风格迥异的建筑，并形成了特色鲜明的街区里巷，客观上使天津的面貌发生了不小的变化。

过去，我们对建筑的属性极为重视，凡帝国主义留下来的东西，都是殖民的产物，甚至被看作是中国人的耻辱，都应该荡涤和铲除。只是新中国成立后，百废待兴，没有足够的财力和人力在短时间内建立一个"新世界"，此后的"文革"和唐山大地震，又接连给这些历史风貌建筑带来灭顶之灾。十年浩劫期间，凡是洋建筑或古建筑中的花饰、匾额、雕像等，几乎全都被砸烂；1976年的地震又使所有历史风貌建筑的尖顶、塔楼、角亭损毁，在之后的排险过程中更是被毫不留情地全部拆除，几十年来得到恢复的不到10%。

在计划经济时期，房屋基本采取供给制，昔日达官显贵的豪宅、别墅以及大批洋人、富人留下的房产，全部归公并分配给各阶层的普通市民。由于人口的不断增长，造成住房的紧缺和居住环境的恶化，原本几户人家居住的房子，不知不觉生出十几户、几十户，特别在20世纪70年代末和80年代中期，天津市进入了最为严重的房屋拆改阶段。比如，梁启超故居和饮冰室，不仅进驻一家印刷厂，而且楼上楼下、房前屋后足足挤进了40多户；末代皇帝溥仪在津居住过的静园，原有的花园、喷泉、假山，全都铲平搭盖成临时建筑，二层主楼、群房、回廊等，一共住进来近50户。这种超负荷的使用，加速了建筑的老化。

建设性开发和保护性开发始终是一对矛盾，谁都知道建新的比留旧的更能体现业绩；谁都知道推倒重来比修复古建更省事。好地段能卖上大价钱，而有价值的历史遗迹恰恰都在好地段，拆还是不拆包含了极为复杂的决策心理。过去，老百姓从来不过问哪些该拆，哪些不该拆，只要见到砖墙上涂上"拆"字，就兴奋、就羡慕、就企盼，因为能住上新房是几代人的愿望。然而，近些年老百姓的意识里又注入了新的理念，拆什么、怎么拆、该拆不该拆，都成了普通市民关心的话题。甚至在民间已成立了由专家、学者、大学生、热心市民组成的建筑遗产保护志愿者团队，专门向政府举报、投诉、监督文化遗产保护中的问题，使一些濒临消亡的老建筑、老街巷得以保留。

冯骥才曾在《抢救老街》一书中写道："一个城市的街道，倘从高空俯看，宛如一株大树成百上千条的根须。城市愈大，其根愈茂……它与城市的历史一样漫长而悠远。人世间的苦乐悲欢，也是无言的见证，人们不断地丰富它，又施惠于人们，从古到今，从物质到精神，人们从老街可以找到的往日的东西真是太多了。"他认为，"今天的辉煌是一种实力，昨日的辉煌才是一种文化。"如今，老街旧巷和特色建筑已被视为不可再生的财富和珍贵的历史文化遗产，挖掘、整理、勘察、论证历史遗存已成为地方政府开发建设的先导;维护、修缮、保养现存历史风貌建筑已纳入每年的投资规划;重建、复建、增建所谓的名人故居、仿古建筑又成为一种令人堪忧的潮流。几年的"老景新拍"感触颇深,可以用四个字概括:喜忧参半。在浏览我所拍摄的 200 处老街旧巷和历史建筑时,我可以实事求是地告诉大家,那不完全是真实的,其中有十几项是近年按照历史原貌在原址重建或根据文字记载和历史图片仿建的;有九项已经彻底消失,原汁原味未经过任何添加改造的为数不多,这些情况我在图片说明中都做了交代。

据文物管理部门介绍,对有价值的老街区、老建筑,基本坚持"抢救第一、保护为主"的方针和"修旧如旧"的原则,也就是说要首选"原物保护"。这个方法最原始,最有难度,最吃功夫,也最有效果。在这方面,成功的范例也不少,比如,独乐寺的修缮工程,主体建筑山门和观音阁均建于辽统和二年(984),是我国木结构建筑的代表作。寺内建筑、塑像、壁画三大艺术荟萃一堂,具有很高的历史、艺术和科学价值。1990 年国家文物局决定对其进行大修,从立项到竣工历时 8 年,创造了我国古建落架大修"落架不落地"的施工模式。又如,2009 年实施的对大清邮政津局旧址和安里甘教堂旧址的整修,都展现了"修旧如旧"的独特魅力。而在城市的开发建设中,最常见的模式则是"原貌保护",即对历史建筑形态及外观按原样修复,其建筑物的内部允许更新、允许改变用途,以适应社会发展的需要。在这方面,天津的解放北路、"意风区"和"五大道"一带,基本走的是这个路子。政府采用腾迁和置换等有效手段,使原英、法、意租界留存的大量历史建筑得到了整体性保护,从而营造出一种充满文化气质的风貌景观。但是,趋势是好的,措施是灵活的,项目也是充满变数的,已经登上了保护名录的,甚至挂了牌子的,似乎已在法律监管之下的历史建筑,有的还不是趁其不备,大刀阔斧地给灭掉了?都懂得"修旧如旧",可为了出"效果",偏偏弄成"修旧如新"。有资料显示,目前在保护老城、老街、老建筑方面,普遍存在的问题是三大要素的错位,即把本该按原物保护的建筑,降格为按原貌保护,而对按原貌保护的建筑又实施大拆大改,实际上变成了风貌保护,由此造成的对历史遗址、遗迹和古建筑的破坏是不言而喻的。用老百姓的话说,现在随处可见赝品和"山寨版"的假古董,这对地域文化的传承绝对是有害的。"真"与"假"不仅是两个字的区别,其本意应该是民族精神的体现,一味地追求所谓的"流行风",换来的赞扬是暂时的,留下的遗憾却是永久的。

只因坚守,我做成了这件事,心里极其满足。冯骥才在看完我这个专题后曾说道:"十年前在巴黎的'中国兰'出版社的社长曾送给我一本叫做《巴黎的今天与昨天》,也是把同一个地方一老一新两张照片放在一起,相互对照,作者用这种方式来显示这座世界名城依然活着的历史。任何文明的国度都把自己的历史视为其独有的财富,自我享受并自豪地展示给

图为在拍摄位于鞍山道上的张园时
随身携带的老照片示意草图

别人。为此,这本图集惹得我十分喜爱,由此还对深爱自己历史文化的巴黎人心生敬意。今天,我们的城市也有了这样的人、这样的观念与意识,并辛苦多年,完成了多达百组今昔相映的城市的视觉影像,令人心喜。"由此,我才明白这件事的意义。

2015 年 4 月 29 日

独乐寺

独乐寺位于蓟州区武定街，始建于唐贞观二年（628），现存建筑为辽统和二年（984）重建。独乐寺的主要建筑观音阁，通高23米，外部看两层，内设平座暗层，使用了24种不同的斗拱榫接，是国内最古老的高层木结构楼阁式建筑。观音阁内有一尊高16米的观音塑像，穿过中间三层空井，直达屋顶。其头顶有十尊小佛像，所以也被称为"十面观音"，是中国现存最大的泥塑像。

观音阁在20世纪90年代曾落架大修，使这座千年古寺重放异彩。独乐寺被列为国家重点文物保护单位、天津市文物保护单位和天津市特殊保护等级历史风貌建筑。

— 古典建筑 —

天后宫

天后宫位于天津老城东门外，坐西朝东，面临海河，始建于元泰定三年（1326），后来的朝代又多次重修。从东向西，主要建筑包括戏楼、幡杆、山门、牌坊、前殿、大殿、藏经阁、启圣祠以及钟鼓楼、配殿和张仙阁等。主体建筑是大殿，建造在高大的台基之上，中间面阔三间，进深三间，七檩单檐庑殿顶，前接卷棚顶抱厦，后连悬山顶凤尾殿，是典型的明代中晚期木结构建筑风格。该建筑群是中国三大天后宫之一，也是现存年代较早的一座天后宫。

天后宫是古文化街的核心部分，每年在此举行传统民俗活动，被列为天津市文物保护单位和市级特殊保护等级历史风貌建筑。

— 古典建筑 —

玉皇阁

玉皇阁始建于明宣德二年（1427），为一座道观。建筑包括山门、牌坊、大殿、配殿、钟鼓楼、六角亭、清虚阁。现仅存其主体建筑清虚阁。清虚阁也叫玉皇阁，分上下两层，上层周围有回廊环抱，可登楼远眺。阁顶悬有康熙时恭亲王书"清虚阁"匾额一方。清虚阁是天津唯一一座琉璃瓦楼阁遗存，屋顶为九脊歇山顶，檐头和脊兽是绿色的琉璃瓦，檐心是黄色和绿色琉璃瓦剪边形式，工艺考究，独具匠心。

2004年，玉皇阁周围的危陋房屋被全部拆除，其湮没已久的身姿终于显露出来。2005年对其进行彻底维修，被列为天津市文物保护单位和天津市特殊保护等级历史风貌建筑。

― 古典建筑 ―

文庙

文庙位于东门内大街1号，又名孔庙，是天津市区保存最完整、规模最大的古代建筑群。大殿始建于明正统元年（1436），后经明代天顺、万历，清代康熙、乾隆等多次重修、扩建。清雍正年间，天津府、县同设治所于城内，因而东侧为府庙，西侧为县庙，均有照壁、泮池、棂星门、大成门、大成殿、崇圣祠和配殿等。府庙主体建筑的殿顶均用金黄色琉璃瓦覆盖，雕梁画栋，装饰精美。

2007年至2009年，相关部门对该建筑群进行全面大修，多数建筑落架后加高基础，并使用原部件重新搭建，被列为天津市文物保护单位和市级特殊保护等级历史风貌建筑。

— 古典建筑 —

鼓楼

鼓楼位于天津老城正中，始建于明弘治六年（1493）前后。楼高三层，四面设拱形穿心门洞，分别与东西南北四座城门相对应。鼓楼城台建有木结构重檐歇山顶楼阁。上层楼内悬铸铁大钟一口，约两吨，为唐宋制式。大钟初用以报时，以司晨昏、启毕城门，早晚共敲钟108响。1900年，八国联军侵入天津，城墙被拆除，唯独留下鼓楼。不久，鼓楼为消防队占用作为瞭望台。1920年，鼓楼重建，并把四座门洞分别称为"镇东""定南""安西""拱被"。1952年11月，因贯通道路，鼓楼被拆除。

2000年11月25日，新鼓楼在原址开工，2001年9月28日竣工。鼓楼一带已形成新的文化商业旅游区。

金家窑清真寺

金家窑清真寺位于河北区金家窑大街附近，始建于明万历二年（1574），清光绪十六年（1890）重建，1917年再度修葺，形成现在的规模。主建筑为10米高大殿，上建有望月亭及抱厦，属于典型的中国传统建筑形式。该清真寺与天穆村清真寺、西北角清真大寺并列为天津三大清真寺。寺内现有阿文藏经70余部，波斯文藏经20余部。著名的王静斋大阿訇青年时期曾在金家窑清真寺学习、生活过，金家窑寺也因此而闻名于世。

目前，金家窑清真寺保存完好，被列为天津市重点保护等级历史风貌建筑。

― 古典建筑 ―

东门牌坊

东门牌坊位于东门内大街，初建于明万历三年（1575），后经清康熙和民国等多次重修。它是文庙的配套建筑，上书"德配天地""道冠古今"。牌坊由两根高大木柱支撑，木柱上方为三层横额和雕龙华板，并由一制作精致的斗拱支撑三座"五脊六兽"的四阿瓦顶。这两座牌坊不仅是天津仅存的古代过街牌坊，而且这种二柱三楼式的木结构，亦为其他地方所罕见。

2009年随着文庙的大修，门前的两座古牌坊也实施了落地修建。

— 古典建筑 —

文昌阁位于西青区南运河畔的杨柳青镇，始建于明万历四年（1576），阁中供奉魁星。天启二年（1622）曾遭焚毁，崇祯七年（1634）重建。清咸丰三年（1853）再次被毁，咸丰八年（1858）再次重建。砖木结构，三层，六角形，通高15米。六脊瓦顶，六个龙头各衔一脊，正中为一球形宝珠，设计奇巧。六面檐角悬铃铎，朱椽黛瓦，风吹铃摇，为运河边一景。

文昌阁得到了修缮和保护，已成为杨柳青镇重要的旅游景点之一，被列为市级重点保护等级历史风貌建筑。

文昌阁

大悲禅院

大悲禅院位于河北区天纬路，始建于清顺治年间，康熙八年（1669）扩建，由西院和东院两部分组成。西院有文物殿和方丈院；东院建于1940年，有天王殿、大雄宝殿、大悲殿、地藏殿、配殿、耳房和回廊，是寺院的主体。殿内供奉有铜制释迦牟尼佛像，另有大悲菩萨、倒坐观音、弥勒佛、天王像、罗汉像等。位于院中央的大雄宝殿内曾珍藏着魏晋南北朝至明清各代铜、木、石刻造像数百尊，工艺精美，艺术水平很高。院内朱门绿瓦，佛坛高筑，松柏参天，庄严静穆，是全国重点佛教寺庙之一。

2000年至2008年先后两次大规模扩建，使大悲禅院总占地扩充至4.2万平方米，被列为天津市文物保护单位和天津市特殊保护等级历史风貌建筑。

— 古典建筑 —

清真大寺

清真大寺位于红桥区大丰路。始建于明代，清康熙十八年（1679）曾进行扩建，嘉庆六年（1801）第二次扩建。该建筑群以礼拜殿为主体，东边配有对厅，南北两侧有讲堂和耳房，互相映衬。大门两旁有两座院墙、两座门楼，过木上方镶嵌着精致的砖雕。大门外有铁栅栏围圈，对面有大照壁。礼拜殿后殿并排矗立着五座亭式楼阁。该建筑群布局紧凑，结构完整，错落有致。

2008年至2010年，相关部门对清真大寺的主体建筑按原貌进行落地重建，被列为天津市文物保护单位和天津市特殊保护等级历史风貌建筑。

吕祖堂

吕祖堂位于红桥区芥园道南侧,始建于宣德八年(1433)。原是供奉仙人吕洞宾的道观,当时为永丰屯屯中祠堂。清康熙五十八年(1719)修葺后,改为吕祖庙观,定名为"吕祖堂"。后经乾隆六十年(1795)、道光十九年(1839)和1920年三次修葺。主要建筑有山门、前殿、后殿和五仙堂,占地1300平方米,建筑面积600平方米。前殿主要供奉吕洞宾,后殿供奉北斗元君,两侧有药王和药圣。

现为天津义和团纪念馆,被列为全国重点文物保护单位、天津市文物保护单位和市级重点保护等级历史风貌建筑。

— 古典建筑 —

石家大院

石家大院位于西青区杨柳青镇，为清代天津"八大家"之一的石元士于光绪元年（1875）所建，占地7200余平方米，建筑面积2900平方米。整座大院60米长的大甬道两侧有12座四合套院落，形成院中有院、院中跨院、院中套院的布局。从寝室、客厅、花厅、戏楼、佛堂到马厩，无论是气势规模、建筑风格，还是艺术造型、装饰，都反映了清末民初的文化遗存和当时的民俗、民风。

"文革"期间，石家大院面目全非。1987年开始修复，历时6年，共投资560万元，于1992年作为杨柳青博物馆对外开放。石家大院被列为全国重点文物保护单位、天津市文物保护单位和市级特殊保护等级历史风貌建筑。

― 古典建筑 ―

李纯祠堂

李纯祠堂位于南开区白堤路82号。该建筑建成于1924年，占地2.56万平方米。祠堂坐北朝南，前建三进庭院，后辟花园，由砖砌照壁、石牌坊、石拱桥、大门、前殿、戏台、中殿、后殿、配殿及回廊组成，气势宏伟，布局严谨，装修考究。该建筑原为北京西直门外前清庄亲王的府邸。直系军阀李纯买下拆卸后，运到天津重新组装而成。

2009年至2010年，相关部门对该建筑群进行了大规模修缮，并一度改称"庆王府"，事实上并不准确。该建筑群被列为天津市文物保护单位和市级重点保护等级历史风貌建筑。

办公建筑
OFFICE BUILDINGS

— 办公建筑 —

原大清邮政津局

原大清邮政津局位于原法租界大法国路与圣路易路交口，现为解放北路103—111号。该建筑建于光绪十年（1884），为二层砖木结构平顶楼房（带地下室），青砖饰面，并配有精美砖雕，拱形门窗，堪称欧洲古典主义与中国传统雕饰艺术的完美结合。大清邮政津局前身为光绪四年（1878）建成的通邮天津海关书信馆，当年在此发行了中国第一套以蟠龙为图案并印有"大清邮政局"字样的1分银、3分银和5分银三种面值的大龙邮票。它是中国现存唯一的大清邮政官局局房。

2009年，该建筑进行了有史以来最大规模的整修，彻底复原了历史的本来面目。原大清邮政津局已被列为天津市文物保护单位和天津市特殊保护等级历史风貌建筑。

— 办公建筑 —

原戈登堂

原戈登堂位于原英租界维多利亚道，现为解放北路，主体建筑已不存在。该建筑建成于1890年，为原英租界工部局大楼。此地早期为马术训练场，由英工部局董事长、英籍德国人、天津海关税务司德璀琳建议修建，由钱伯斯设计，共投资三万两千两白银。这座规模宏大的两层建筑，属于中世纪哥特式城堡风格，青砖外墙，屋檐为雉堞垛口状女儿墙，两端为八角形塔楼，视野极为开阔。

天津解放后，戈登堂曾作为天津市政府所在地，在1976年唐山大地震中主楼损毁严重，后被拆除，并在原址兴建了新政府大楼，现改建为酒店。图中为仅存的戈登堂附楼遗存。

― 办公建筑 ―

原俄国领事馆

原俄国领事馆位于原俄租界领事馆路，现为河东区十一经路88号。该建筑建于1902年，1917年俄国十月革命后改为苏俄驻津总领事馆。该建筑为二层砖木结构楼房，混水砖墙，筒瓦坡顶，主入口、侧入口均为拱券门，上有挑梁支撑的阳台，窗户设三角形、一字形石窗楣，外檐窗套、角柱等均为石材砌筑，具有俄国中世纪建筑特征。领事馆对面原是占地面积365公顷的俄国花园，园内建有马球场、游泳池和纪念堂等。

现为办公用房。2008年，该建筑得到修缮，取消了坡顶上的老虎窗，被列为市级重点保护等级历史风貌建筑。

— 办公建筑 —

原北洋银元局

原北洋银元局位于宇纬路4号。该建筑建于光绪二十九年（1903），初为传统四合院建筑，正门存有大量砖雕及一对精美的抱鼓石。此后在该门前加盖了拱券形门套，由四根壁柱做装饰，顶部设横幅砖雕墙。该建筑初期为北洋银元局办公用房，后归时任造币总厂厂长刘梦庚居住。1925年，直隶督办李景林查抄此宅。1939年日伪当局在此设立天津铁路学院。1946年天津扶轮中学第一小学迁入该处，1950年更名为天津铁路职工子弟第一小学。上图"河北省公署"为1938年侵华日军成立的省级傀儡政权。

1974年，院内遗存建筑全部被拆除并改建新校舍，仅存旧时门楼。现为民办河北区中心小学校址。

— 办公建筑 —

原意国领事馆

原意国领事馆位于原意租界大马路，现为河北区建国道 52 号。该建筑建于 1909 年，是意大利在天津开辟租界后，利用庚子赔款建造的，占地面积 9400 平方米，建筑面积 1800 平方米。意国领事馆是一座具有意式风格的花园别墅，砖木结构二层带地下室。坡顶上筑有长方形顶楼，屋檐出挑较大。主入口处的门套、窗套等部位均饰有花草图案的精美瓷砖。这里曾是天津意租界的最高权力机关，对外以意租界工部局名义行使权力，历任意国领事多在此居住。

现为河北区政协所在地，被列为市级重点保护等级历史风貌建筑。

— 办公建筑 —

原华北水利委员会

原华北水利委员会位于原意租界但丁路与佛罗伦萨道交口，现为自由道与民生路交口。1918年在此成立了顺直水利委员会，由原北洋政府国务总理熊希龄主持，并聘请了西方水利专家。1928年改组为华北水利委员会，以华北各河湖流域及沿海区域为管辖范围，开展防洪、灌溉、航运、水力及水利工程，附设测候所，在治河史上具有很高的地位。至抗战爆发前，编制了《永定河治本计划》，建成了中国首个水利工程试验所，实施了一批海河水利工程。

该建筑得到整体修复，外观略有改变，格局基本保留，其门前的但丁广场也进行了一定程度的复原。

— 办公建筑 —

原紫竹林华商公会

原紫竹林华商公会位于原法租界德大夫路与窦总领事路交口，现为和平区河北路与长春道交口。紫竹林华商公会成立于1919年，1945年以后解散。1949年天津工商联合会曾在此办公，"文革"期间，公安和平分局劝业场派出所迁入此处。该建筑建于1920年，为二层坡顶砖混结构，水泥断块饰面，转角处设圆形塔楼一座，盔顶造型，风格简洁舒展。

该建筑于2003年曾进行过大修，除外墙保留原貌外，几乎重建。后曾改为商用，建筑形态有所更改。

― 办公建筑 ―

原开滦矿务局

原开滦矿务局位于原英租界咪哆士道与海大道交口，现为和平区泰安道5号。该建筑建成于1922年，由英商阿特金森和达拉斯的同合工程司设计，建筑面积9180平方米，三层混合结构。外檐立面竖有十四根十米高的爱奥尼克巨柱，墙面转角作壁柱装饰。楼内中部是贯通三层的大厅，并由大理石立柱支撑，柱头均以紫铜板包镶而成，做工极为精细。大厅地面饰以彩色马赛克。办公用房均设木制护墙板，并装有古典壁炉。大楼造型为欧洲古典建筑风格的代表作。

该建筑曾为中共天津市委所在地，2010年腾迁，被列为天津市文物保护单位和天津市特殊保护等级历史风貌建筑。

— 办公建筑 —

原法国领事馆

原法国领事馆位于原法租界领事馆路，现为和平区承德道2号。该建筑建成于1923年，由沙得利工程司设计，为混合结构二层平顶楼房（带地下室），混水墙面。建筑形体简洁大方，立面设计丰富协调，外墙饰以西洋古典壁柱，纹样雕刻丰富，窗间及檐口部分均装点精美花饰，带有典型的古典主义风格。室内装修考究，大量使用细木和铁艺进行装饰。法国驻津领事馆是天津开埠后较早设立的领事馆，原馆建于1861年，在望海楼教堂以东的行宫花园内，1870年发生"天津教案"后迁入租界内。

现为天津市测绘管理局所在地，被列为天津市特殊保护等级历史风貌建筑。

— 办公建筑 —

原工商学院行政楼

原工商学院行政楼位于原英租界马场道，现为河西区马场道 117 号，天津外国语大学校园内。该建筑建于 1925 年，为多坡顶二层楼房，南北向长，东西向短。一层多为拱券式窗户，窗与窗之间饰以卵石麻面，二层为方形窄窗。该楼的正面为对称设计，十根青石立柱承托方形门厅，上为二层露台。主入口处设有台阶及环行坡道，屋顶迎面连排三孔天窗并装有铁艺造型。

目前，该建筑为天津外国语大学办公用房，2008 年进行了修缮，被列为市级重点保护等级历史风貌建筑。

原法国工部局

原法国工部局位于原法租界克雷孟梭广场，现为和平区承德道12号。该建筑建成于1931年，由比商仪品公司门德尔松设计。法国工部局是原法租界董事会行使行政职能的执行机构，由秘书处和工程部组成。大楼主体三层，两翼二层带地下室，钢混结构。其布局对称严谨，墙面装饰丰富，线脚细腻，外观富丽堂皇，立面均由水刷石断块饰面，主入口上方设开敞柱廊，室内装修豪华统一，带有典型的新古典主义建筑特征。1945年10月6日，侵华日军在天津的受降仪式曾在楼前的广场举行。

该建筑曾做过艺术博物馆、儿童图书馆，现为办公用房，是全国重点文物保护单位、天津市文物保护单位和市特殊保护等级历史风貌建筑。

— 办公建筑 —

原法国警察局

原法国警察局位于原法租界大法国路，现为解放北路34—36号。该建筑建于1934年，由比商仪品公司设计建造，为四层混和结构楼房（设有半地下室），清水墙。立面较为简洁，强调古典三段式构图。这里曾是法租界董事会下属的警察局。局内设有保安处、巡捕房、稽查处、手枪队、卫生处、消防队，主要负责租界内的警务、道路和卫生等，局内服役警察配备齐全。

目前，建筑保护如初，天津市粮食局曾在此办公，被列为天津市文物保护单位和天津市特殊保护等级历史风貌建筑。

— 办公建筑 —

原英国总领事馆

原英国总领事馆位于原英租界马场道，现为和平区浙江路1号。该建筑建于1937年，为砖木结构三层楼房，多坡屋顶，铺大筒瓦，其上有多处老虎窗。外檐为红砖砌清水墙，拐角部位均设水泥断块包角。正立面入口处为半圆形门厅，由爱奥尼克柱支撑上部露台，上出八角形塔亭。建筑整体层次丰富，错落有致，具有典型的英国别墅式风格。

2011年，相关部门对该建筑进行维修，恢复了此前拆除的八角塔亭，被列为天津市特殊保护等级历史风貌建筑。

— 办公建筑 —

原东光大楼

原东光大楼位于十区一号路，现为解放南路327号。该建筑建于1938年，曾为日本协和印刷厂一部旧址。1945年以后，隶属于天津警备司令部稽查处南区稽查所。大楼由德国建筑师设计，主体四层，砖木结构，磨砖清水墙，两侧正面设高台阶拱券入口，三层拐角处辟有露台和藤架。一层和三层的窗户为拱形设计，弧形阳台配铸铁花式栏杆，通透而灵巧。建筑整体稳重、坚固，富于变化。

目前，大楼的建筑格局及整体造型均无变化，被列为天津市一般保护等级历史风貌建筑。

金融建筑

FINANCIAL BUILDINGS

― 金融建筑 ―

原华俄道胜银行

原华俄道胜银行位于原英租界维多利亚道，现为解放北路121号。该建筑建于1900年，为二层砖木结构楼房，外檐饰以黄色瓷砖，券形窗口，饰有人字型山花平窗，弧形转角配以巨大盔顶。室内装修讲究，大量精致木饰保存完好，是一座具有浓郁俄罗斯风格的古典主义建筑。华俄道胜银行天津分行1896年开业，以发行卢布为交易筹码，进行投机买卖，代办中国各种税款，1926年停业。

该建筑基本保持原貌，现仍为金融机构，被列为天津市文物保护单位和天津市特殊保护等级历史风貌建筑。

— 金融建筑 —

原金城银行

原金城银行位于原英租界维多利亚道，现为解放北路108号。该建筑始建于1908年，由德国建筑师贝克·培迪克设计，为砖混结构二层带阁楼层西式楼房。采用高坡复折四坡屋顶样式，另设有老虎窗，底层立面中央有四柱支撑，二层出挑阳台，铸铁护栏非常优美。1937年，华信工程司沈理源对其内部加以改造，装饰更加精巧。金城银行创办于1917年，总行曾设于天津，行名取"金城汤池，永久坚固"之意，是中国重要的私营银行之一，是"北四行"的支柱。

2008年至2009年间，该建筑按原样进行重建，并使用部分老建筑构件，被列为天津市文物保护单位和市级重点保护等级历史风貌建筑。

— 金融建筑 —

原北洋保商银行

原北洋保商银行位于原法租界大法国路与巴斯德路交口，现为解放北路与赤峰道交口。1910年，为清理天津商人积欠洋商款项，方便华洋商务交流，德国人冯·巴贝与叶兰舫等中国商人合作筹资，创办了北洋保商银行。1918年德国在"一战"中失败，冯·巴贝撤资回国，行前把相关手续移交给叶兰舫，从此该行成为中国首家华人独资的私营银行。叶兰舫不仅在金融界有一定影响，在经营实业方面也精明过人，天津商界曾给他起了个绰号——"铁算盘"。该建筑建于1910年。

2009年至2010年，该建筑除外墙保留原貌外，全部落地重建，被列为天津市一般保护等级历史风貌建筑。

— 金融建筑 —

原东方汇理银行

原东方汇理银行位于原法租界大法国路,现为解放北路77号。该建筑建成于1912年,由比商仪品公司设计,是一幢平顶砖木结构三层楼房。整座建筑为新文艺复兴风格的代表性建筑,集中了多种建筑技巧和造型,台基用加工的天然石料砌筑。首层外墙为水泥面做横线条处理,二至三层为红砖墙面并组成各种图案进行点缀。女儿墙采用西洋古典宝瓶式栏杆,屋顶转角处设四坡顶角亭,外檐窗均设有花饰铁栏杆,起到很好的装饰效果。东方汇理银行创办于1875年,总行设于法国巴黎,天津分行于1907年开业。

该建筑曾多次进行保护性维修,2009年将毁掉的三座角亭按原样全部恢复,被列为天津市重点保护等级历史风貌建筑。

— 金融建筑 —

原朝鲜银行

原朝鲜银行位于原法租界大法国路与领事馆路交口，现为解放北路97—101号。该建筑建于1918年，为砖混结构三层楼房。全部为清水墙，两面侧立着十多根砖制齿形罗马式立柱，二层窗套设宝瓶式列柱装饰护栏，顶层建有室外回廊、铸铁扶栏，转角处的山花有精细的饰纹。整体建筑体现了法国新古典主义建筑风格。朝鲜银行由日本投资，1909年在朝鲜京城建立总行，天津分行于1918年开业。抗战胜利后，国民政府按敌伪产业将其接收。

目前，建筑外观保存完好，被列为天津市特殊保护等级历史风貌建筑。

— 金融建筑 —

原中法储蓄会

原中法储蓄会位于原法租界大法国路与水师营路交口，现解放北路与赤峰道交口。中法储蓄会创办于1918年8月，由中、法商人集资经营，经中国政府和天津法国领事馆备案，农商部批准，总会设在北平（今北京）。1926年改组为中国股份有限公司，将法股悉数收回。该建筑建于1918年，为主体三层带阁楼层的混合结构楼房，清水墙饰以装饰线。一层外檐为水泥断块，主入口设在弧形转角处，两侧的第三层各外探三个透空阳台，其设计严谨、繁复，极具立体感。

2007年，因修建赤峰桥、拓宽道路，该建筑被全部拆除。

— 金融建筑 —

原中法工商银行

原中法工商银行位于原法租界大法国路，现为解放北路74号。该建筑始建于1919年，后于1932年、1933年和1936年增建。为四层混合结构楼房，设有地下室，占地面积1567平方米，建筑面积6240平方米。整座建筑分为主楼和配楼，弧形走向排列十棵科林斯巨柱，构成宏伟柱廊，外墙为水刷石饰面。大厅内采用黑白相间马赛克地面和仿石砌墙壁。营业大厅设有西洋古典圆柱六根、方柱两根，顶部装有彩色玻璃。中法工商银行天津分行1925年开业，1948年停业。

天津市总工会曾在此办公，被列为天津市文物保护单位和天津市特殊保护等级历史风貌建筑。

— 金融建筑 —

原花旗银行

原花旗银行位于原英租界维多利亚道，现为解放北路90号。花旗银行1812年成立于美国纽约，天津分行开业于1916年，是当时在津美资银行中实力最强的一家。该建筑建成于1921年，由穆菲和达那设计，为混合结构三层平顶楼房，花岗岩石材饰面。建筑首层为石砌基座及高台阶，门前由四根贯通一二层的巨大爱奥尼克石柱构成开敞式柱廊，强化其高耸的视觉效果。室内装修同样沿续古典风格，大厅内部立有七根方柱，墙面镶有壁柱，屋顶有装饰性雕刻。

现为中国农业银行天津分行营业用房，被列为市级特殊保护等级历史风貌建筑。

— 金融建筑 —

原大陆银行

原大陆银行位于原法租界狄总领事路，现为和平区哈尔滨道70号。该建筑建于1921年，由基泰建筑公司设计施工。1919年由谈荔孙、许汉卿、万弼臣、曹心古等人发起成立大陆银行，并将总行设在天津，是近代中国著名的私营股份制商业银行"北四行"之一。建筑主体为三层砖混结构，带有半地下室，外檐为混水墙面，饰以简化的爱奥尼克半壁柱，主入口位于拐角处，顶部设有塔楼。

该建筑原塔楼因1976年唐山大地震受损拆除，现为交通银行天津分行营业厅，被列为市级重点保护等级历史风貌建筑。

— 金融建筑 —

原中国实业银行

原中国实业银行位于原英租界领事道，现为和平区大同道15号。该建筑建于1921年，由基泰工程公司设计监造，为混合结构带地下室二层楼房。正立面一至二层中间部位以混水墙、石材饰面，其他多为红砖清水墙，转角设抱角石。建筑中央以六棵爱奥尼克立柱支撑檐部，入口为三角眉子方门，首层窗口装金属护栏，顶层出女儿墙。后楼为砖木结构三层楼房，西侧建有两层钢筋混凝土仓库。中国实业银行为实业家周学熙发起创办，1919年开业，1934年被宋氏家族吞并。

该楼曾为天津市眼科医院，现已改作他用，被列为市级重点保护等级历史风貌建筑。

— 金融建筑 —

原华比银行

原华比银行位于原英租界维多利亚道与怡和道交口，现为解放北路 104 号。华比银行隶属于比利时通用银行系统，创立于 1902 年，总行设在布鲁塞尔。天津分行于 1906 年开业，主要经营存款、外汇及抵押放款并发行钞票。该楼建于 1922 年，由比商仪品公司设计并监理，建筑面积 2339.5 平方米，砖混结构三层。大楼外檐均为石材饰面，体现了现代简约主义风格。该大楼除银行使用外，比利时领事馆、美商德士古公司等均在此租房办公。

现为中国建设银行营业厅，建筑外观无任何变化，被列为市级重点保护等级历史风貌建筑。

— 金融建筑 —

原浙江兴业银行

原浙江兴业银行位于原法租界梨栈大街与福煦将军路交口，现为和平路319号。该建筑建于1922年，由华信工程司沈理源设计，为二层混合结构带半地下室楼房，建筑面积2034平方米。立面以青石本色为基调，壁柱、窗套、檐口等雕有不同的线条、花纹。主入口上部为弧形带爱奥尼克双圆柱空廊，底层门廊用塔司干双柱支撑。营业大厅内呈圆形，采用十四根深色大理石列柱，汉白玉柱头。大厅顶部的半球形钢网架，镶嵌着白色磨花玻璃。两侧有经理室、会客室等，装饰均十分考究。

2011年，相关部门对该建筑进行大修，被列为市级特殊保护历史风貌建筑。

— 金融建筑 —

原四行储蓄会

原四行储蓄会位于原英租界维多利亚道，现为解放北路147号。该建筑建于1923年，是以盐业、金城、中南和大陆四行组成的四行储蓄会设在天津的分会，首任经理张泽湘。1940年，盐业银行经理陈亦侯和四行储蓄会经理胡仲文曾将末代皇帝溥仪抵押的16只金编钟藏在四行储蓄会地下室的小仓库里，使珍贵文物免遭日本侵略者劫掠。该建筑为混合结构三层并附带地下室，布局简洁规整，层次丰富，装饰精美。主入口处的高台阶与上方的四根爱奥尼克柱呈现出希腊古典复兴风格特征。

该建筑现为中国工商银行营业厅，被列为市级特殊保护等级历史风貌建筑。

— 金融建筑 —

原华义银行

原华义银行位于原法租界大法国路，现为解放北路91—95号。该建筑建于1924年，由比商仪品公司设计建造，原本业主为希腊人卧而多尼，遂又名"卧而多尼大楼"。该建筑为红瓦坡顶和混水墙面的二层砖木结构楼房，造型稳重，立面简洁，细部丰富。室内装饰考究，屋顶设有牛眼老虎窗。华义银行成立于1920年，由中国和意大利两国商人合办，总行设于该楼。1924年实行改组，中资撤回，总行随之迁往上海。

该建筑仍为银行使用，2008年进行较大规模整修，屋顶重新铺设，被列为天津市一般保护等级历史风貌建筑。

— 金融建筑 —

原汇丰银行

原汇丰银行位于原英租界维多利亚道，现解放北路82号。该建筑建成于1925年，由英商阿特金森和达拉斯工程司设计，占地面积4374平方米，建筑面积5539平方米，为三层钢筋混凝土结构楼房，希腊古典复兴式建筑风格。外墙立面为花岗石材饰面，石砌基座，高台阶，入口两侧共置十二根爱奥尼克高柱，上作三角形山花，重檐形檐口。两侧各设旁门，以两根圆柱支撑冰盘门楣，各门均为花饰铜门。汇丰银行天津分行1880年开业，为天津第一家外商银行。

现为中国银行天津分行营业楼，被列为天津市文物保护单位和天津市特殊保护等级历史风貌建筑。

— 金融建筑 —

原大陆银行仓库

原大陆银行仓库位于原法租界柏公使河坝，现为和平区张自忠路223号。该建筑建于1925年，混合结构。建筑整体四层，局部六层，清水砖墙。建筑体量厚重敦实，舒展大方，水平向的三段构图特征明显，建筑内部设有壁垒森严的金库，具有中世纪罗马建筑风格。大陆银行成立于1919年，主要经营保管、信托、买卖股票及有价证券业务。为发展码头仓储，大陆银行选在河岸修建了这座大型仓库。

目前，这座古堡式建筑依然屹立在海河岸边，经整修后更加宏伟而充满个性，被列为市级特殊保护等级历史风貌建筑。

— 金融建筑 —

原麦加利银行

原麦加利银行位于原英租界维多利亚道与怡和道交口，现为解放北路151—153号。该建筑建于1926年，由英商赫明与帕尔克因工程司设计，为二层钢混结构楼房（设有地下室）。建筑主入口处由六根爱奥尼克式巨柱形成开敞柱廊，气势宏伟，庄严稳重。建筑整体感极强，具有典型的古典主义风格。麦加利银行也称"渣打银行"，总行设于伦敦。天津分行开业于1895年，主要业务为定期存款、汇兑信用等，直到1954年关闭。

现为解放北路邮局，建筑内外保存完好，被列为天津市文物保护单位和天津市特殊保护等级历史风貌建筑。

— 金融建筑 —

原横滨正金银行

原横滨正金银行位于原英租界维多利亚道，现为解放北路80号。该建筑建于1926年，由英商阿特金森和达拉斯工程司设计施工，为二层混合结构平顶楼房，花岗岩石材墙面。建筑造型稳重、华丽，其正立面的八根科林斯巨柱构成开敞柱廊，柱头繁缛绝美。建筑上部的山花处理强调了对称构图，具有典型的希腊古典复兴风格。日本横滨正金银行天津分行成立于1899年，以经营外汇及存、贷款为主要业务，曾在中国发行过钞票。

现为中国银行天津分行，该建筑被列为天津市文物保护单位和市级特殊保护等级历史风貌建筑。

― 金融建筑 ―

原中央银行天津分行

原中央银行天津分行位于原英租界维多利亚道，现为解放北路117号。该建筑建于1926年，由华信工程司沈理源设计，为三层混合结构，设有半地下室。正门入口于首层中央，石阶同半地下室等高，门楣过梁上饰三角形图案，立面排列的四根爱奥尼克柱直抵二层顶端，支撑着钢混带状横檐。三层略显简化，平顶中央作波浪形山花，以强化垂直轴线布局。底层左侧设有券洞式旁门，为职员进入楼内的通道。中央银行天津分行于1936年购得此楼。

现为中国人民银行天津分行，被列为天津市文物保护单位和市级特殊保护等级历史风貌建筑。

— 金融建筑 —

原盐业银行

原盐业银行位于原法租界水师营路，现为和平区赤峰道12号。该建筑建于1926年，华信工程司建筑师沈理源设计，为四层砖混平顶楼房。入口门廊仿希腊山门手法，由山花、倚柱、台基组成，内廊柱为罗马科林斯式，做工细腻，独具匠心。厅内顶棚用黄金等材料构成"蓝天飞凤满天星"图案，窗户以彩色玻璃拼成，装饰富丽堂皇。盐业银行为当年袁世凯亲批的商业银行，因政府用盐业税收投资，加之民国时期大批军政首脑入股，促成了该银行实力居"北四行"之首。

现为中国工商银行天津分行营业厅，被列为全国重点文物保护单位、天津市文物保护单位和天津市特殊保护等级历史风貌建筑。

— 金融建筑 —

原东莱银行

原东莱银行位于原法租界杜总领事路，现为和平路287号。该建筑建于1930年，由德国工程师贝伦特设计，混合结构三层，局部四层，平顶带女儿墙，平面呈倒三角形，建筑面积7521平方米。主入口两侧为贯通一二层的科林斯柱廊，上端做三角形重檐山花，立面分别使用附墙壁柱。三层为阁楼层，配方形柱廊，中央退线。四层建有坛式塔楼，使建筑整体更显稳重，具有折衷主义的建筑风格。东莱银行成立于1918年，1919年设立天津分行。

该楼曾为科学会堂，现部分由天津银行使用，被列为市级重点保护等级历史风貌建筑。

— 金融建筑 —

原新华信托储蓄银行

原新华信托储蓄银行位于原法租界大法国路与葛公使路交口，现为解放北路10号。该建筑建于1934年，由华信工程公司建筑师沈理源设计。正门设在路口转角处，营业大厅贯通一、二两层。建筑主体六层，局部八层，为钢筋混凝土框架结构，外檐用石材饰面。建筑庄严雄伟，强调竖向构图，门窗的铜质装饰板豪华大方，是一座典型的现代主义建筑。新华信托储蓄银行由中国银行、交通银行于1919年联合创办，曾是天津中资银行的大本营。

目前，大楼外观保持完好，被列为天津市重点保护等级历史风貌建筑。

— 金融建筑 —

原邮政储金汇业银行

原邮政储金汇业银行位于原法租界大法国路，现为解放北路89号。该建筑建于1945年，为混合结构平房。外墙由水刷石饰面，檐口排列着花纹图案。主入口处有两根爱奥尼克立柱直撑重檐，并形成一个微型门厅，大门设有门套和山花。整体布局既对称又富于变化，特别是两侧方窗上端，加饰线框及浮雕，避免了呆板和单调。虽然建筑体量不大，但不失沉稳与规整。

现为天津市邮政局所属，被列为市级重点保护等级历史风貌建筑。

— 工贸建筑 —

大沽船坞

大沽船坞位于滨海新区天津市船厂内。光绪五年（1879），北洋大臣兼直隶总督李鸿章在大沽筹建北洋水师，拥有各类舰船25艘。为使日益庞大的北洋海军舰船能够就近修理，便在大沽海神庙附近建立船坞，命名为"北洋水师大沽船坞"。该船坞占地7.3公顷，最初设备十分简陋，后引进国外先进设备，逐渐形成规模。光绪十一年（1885），已建成打铁厂、锅炉厂、铸铁厂、模件厂和六个船坞，不仅能修船而且能造船。从光绪十年（1884）起，大沽船坞还承修海防工程。光绪十七年（1891）开始制造枪炮、水雷等。

现"甲"字船坞保存完好，仍可使用，成为天津市船厂的重要历史文化遗产，也是北洋水师大沽船坞遗址纪念馆的一部分。

— 工贸建筑 —

原太古洋行

原太古洋行位于原英租界维多利亚道，现为解放北路165号。该行由英国人斯怀尔于1816年在英国利物浦港创办，天津分行成立于1881年，曾与怡和洋行共同垄断中国的船运业。该行初址设在现台儿庄路的几间平房内，短短十几年迅速发展起来，1886年建造了太古洋行大楼和仓库等。该楼为砖木结构二层楼房，高台阶入口，中间内收，上作平台，顶部凸出，两侧对称。门窗均作拱券形，首层窗楣作放射状花饰，平顶带女儿墙，造型庄重，风格古朴。

2009年，相关部门对该建筑进行全面整修，恢复了原女儿墙上的石制装饰，被列为市级重点保护等级历史风貌建筑。

工贸建筑

原济安自来水公司

原济安自来水公司位于原法租界丰领事路，现为和平区赤峰道91号。该建筑建于1902年，为二层砖木结构带地下室平顶楼房，对称式布局。清水墙加条石砌筑和抱角，楼顶出挑檐，并设女儿墙，形成视野辽阔的大露台。主入口凹进，二层为阳台。同年5月，济安自来水公司开工建设城西芥园水厂，1903年3月2日举行供水典礼。最初供应原来的四个城门口及东北角、西北角，后逐渐供应城厢内外和沿岸租界区。

该建筑经过整修，基本恢复了原有形态。

― 工贸建筑 ―

原法国电灯房

原法国电灯房位于原法租界贝拉扣路和葛公使路之间，现为和平区哈尔滨道和滨江道之间。该建筑建于1902年，包括机房、办公楼和电灯房创始人布吉瑞的住宅，总建筑面积为5160平方米。建筑外立面全部采用石砌基础和条石交错抱角，大筒瓦多坡顶，红砖清水墙。1912年，法国电灯公司开始发电。1949年以后，该电灯房仍由法商经营管理，1953年法国人将其转交给市电业局代管，命名为"天津第五发电厂"。1978年，天津市电力科学研究院曾在此办公。

2010年，因商业区扩充改造，遂将此建筑群全部拆除。

— 工贸建筑 —

原比商电车电灯公司

原比商电车电灯公司位于原意租界三马路，现为河北区进步道29号。1904年4月26日，比利时世昌洋行获准在天津投资经营公共交通公司，并于当年兴建了该办公楼。该建筑为二层、局部三层混合结构楼房，主立面由八组圆形立柱上下支撑，营造出通透的过廊，顶层设有宽阔的露台。1906年，该公司投资兴建了天津第一条环城有轨电车，在金家窑开设发电厂（俗称"比国电灯房"），在老城西南角建造停车库及修理厂，又在东浮桥沿河马路设立总办事处。

1976年唐山大地震中，该楼局部震损。2008年经整修恢复原貌，现为天津电力科技博物馆。

— 工贸建筑 —

原造币总厂

原造币总厂位于河北大经路,现为中山路。光绪二十九年(1903),清政府为整顿币制,户部奏派军机大臣徐世昌及陈壁、张允言等为提调主其事,在天津大经路一带勘定地势,筹设户部造币总厂,并于光绪三十一年(1905)竣工,初定名为"铸造银钱总局"。该厂引进美国、日本、德国等最新设备,为全国货币制造中心。因该厂直属户部管辖,故于光绪三十三年(1907)更名为"户部造币总厂"。1914年,时任北洋政府财政次长兼造币总厂监督吴鼎昌为该厂题写"造币总厂"四字门额。

造币总厂大门于2009年进行了恢复性整修,现为商用。其院内仍存有若干原始建筑,只因年久失修,显得危陋而破旧。

原启新洋灰公司

原启新洋灰公司位于原法租界海大道与威尔顿路交口，即今和平区大沽北路与承德道交口。该建筑建于1913年，由奥租界工部局工程师布吕纳设计，1934年经华信工程司进行了改建。为混合结构二层、局部三层，带半地下室楼房。红瓦坡顶出老虎窗，外檐立面为清水墙，南侧二层有廊式阳台。底层入口设高台阶，主入口由两根圆柱支撑，形成三角形门庭。建筑整体错落有致，追求多变。启新洋灰公司成立于1906年，该公司生产的"马牌"水泥在当时颇负盛名。

该建筑已于2005年拓宽大沽北路时被拆除。

— 工贸建筑 —

原久大精盐公司

原久大精盐公司位于原法租界丰领事路，现为和平区赤峰道63号。该建筑建于1915年，为混合结构三层楼房。平面为折线型，主入口处的四棵爱奥尼克巨柱及顶部三角形山花突出了对称构图。二层窗户设壁柱式窗套，上出弧形或三角形山花，整体造型稳重气派。久大精盐厂建于1915年，是中国最早的精盐制造厂，由中国海洋化工先驱范旭东倡办，李烛尘为厂长。1968年改称"天津碱厂"。该建筑曾为久大精盐公司驻津办事处。

该建筑目前整体保存完好，部分围墙2014年复原，被列为市级重点保护等级历史风貌建筑。

原瑞隆洋行

原瑞隆洋行位于原英租界维多利亚道，现为解放北路 197 号。该建筑建于 1920 年，为二层砖木结构楼房，局部红砖清水外墙，水泥分格饰面，坡屋顶，上出老虎窗。一层方形窗，二层拱券窗，并饰以简化的爱奥尼克壁柱，拐角处采用罗汉腿壁柱装饰。主入口顶部起三角形山墙，两端转角各建有小塔楼，建筑呈对称布局。瑞隆洋行由英国人戴维斯创办，主要经营外汇、黄金、股票、房地产业务，为当时天津一处重要的证券交易所。

该建筑整体保存完好，被列为市级重点保护等级历史风貌建筑。

— 工贸建筑 —

原怡和洋行

原怡和洋行位于原英租界维多利亚道，现为解放北路157号。该建筑建于1921年，为二层混合结构楼房。建筑呈对称布局，主入口位于立面中段，两侧各有一棵科林斯巨柱。建筑稳重简洁，属典型的古典主义风格。怡和洋行是最早向中国贩卖鸦片的英国洋行，总行设在上海。天津分行开设于1867年，是天津第一家由外商开办的以从事远洋运输为主的洋行。行址最初设在紫竹林码头，以代理船舶为主。

目前，该建筑仍作为商业银行使用，保存良好，被列为天津市文物保护单位和市级特殊保护等级历史风貌建筑。

— 工贸建筑 —

原建物房产株式会社

原建物房产株式会社位于原日租界寿街与宫岛街交口，现为兴安路与鞍山道交口，建于1922年。其建筑为二层砖木结构，清水灰砖墙，一层外檐水泥饰面，二层窗户设仿阳台式窗套。主入口凹进，顶层出山花，水泥浮雕点缀其中。20世纪20年代初，这条街上有大小洋行30多家，如三昌、恒昌、正华、金山等主要从事进出口贸易，而玉井、天平、义和、大中等主要做日用杂品买卖。图中左侧的清水洋行，业主为清水幸三郎，从事副食品及杂货生意，兼做棉花输出业务。

2005年在实施海河综合开发工程中，该路段的大部分历史建筑，包括图中建筑均被拆除。

— 工贸建筑 —

原先农公司

原先农公司位于原英租界海大道，现和平区大沽北路。该建筑建于1924年，由英籍建筑师奈尔设计，为砖木结构四层平顶楼房，建筑面积2864平方米。外檐均为水刷石饰面，各层窗户装饰造型都不一样，二层尤为复杂，窗套上方弧形或三角形山花交替使用，富有节奏和条理。三层外探的重檐，线条繁复，增加了建筑的厚重感。先农公司成立于1901年，专门经营房地产，由英国商会董事长、英工部局董事长狄更森创建，在天津拥有大片房地产，占全市外侨用房总数的44％。

2005年在拓宽改造大沽北路时，该建筑被全部拆除。

— 工贸建筑 —

原美丰洋行

原美丰洋行位于原法租界大法国路，现为解放北路22—26号。该建筑建于1926年，为混合结构三层楼房。沿街立面一层为骑楼，二三层顶部出牛腿支撑并饰以精美的雕花，三层用宝瓶与铁艺做护栏，具有折中主义建筑特征。美丰洋行天津分公司成立于1925年，是天津第一家专营汽车的洋行，主要包销美国福特公司的福特、林肯、马克瑞牌汽车。太平洋战争爆发后，美丰洋行被日本人接管，改为华北自动车工业株式会社。1945年抗日战争胜利后，美商收回该洋行。

该建筑除上檐有所改变外，整体面貌得到保护，被列为天津市重点保护等级历史风貌建筑。

- 工贸建筑 -

原东亚企业公司

原东亚企业公司位于原英租界登百敦道，现为和平区云南路2号。该建筑建于1932年，为公司办公楼，该企业由著名实业家宋棐卿一手创办。宋棐卿18岁考入齐鲁大学，后转燕京大学。1920年到美国学习企业管理，1925年回国后不久再赴欧洲考察学习，1928年到天津从事进出口业务。1932年组建东亚毛呢纺织股份有限公司，自任董事长兼经理。该厂借全国抵制洋货之机，结合国民的爱国心理，创立了"抵羊牌"毛线，畅销国内，成为当时中国最大的毛绒线厂。1949年4月，刘少奇同志曾亲临东亚企业股份有限公司视察。

该厂已于2005年迁往津郊新厂址，老厂区改为商用。图中办公楼是该厂的唯一标志。

— 工贸建筑 —

原比商仪品公司

原比商仪品公司位于原英租界海大道与博目哩道交口，现为和平区大沽北路与彰德道交口。该建筑建于1933年，为钢筋混凝土框架结构三层楼房。外檐首层立面设有叠柱式的十三根高大附墙混水方壁柱，二层和三层外立面均装饰有腰檐口、齿饰和线脚。大楼内外设有各层形式不同的木窗，一层为玻璃橱窗，二层为拱券半圆形玻璃窗，三层为矩形平窗。建筑内部地面为铜条镶嵌美术水磨石地，顶棚周边和井子漏阴角有石膏花饰等。1945年10月10日，八路军驻津办事处（也称"第十八集团军驻津办事处"）在仪品大楼正式挂牌成立。

2013年，该楼进行大规模维修，被列为天津市重点保护等级历史风貌建筑。

— 工贸建筑 —

原河东电厂

原河东电厂位于原俄租界尼古拉路，现为河东区六纬路。1936年，日本兴中社社长十河信二与时任市长张自忠签约，成立天津电业股份有限公司，共同投资800万元，主要经营电灯、电力供应、电车及电力设备等。该公司成立后，原天津电业监理处随之取消，并着手天津河东电厂的建设。1937年3月开工，1938年6月建成，投入两台15000千瓦发电机，铺设四条22000伏送电线和5000伏配电线，成为当时华北最大的火电厂。

曾为天津第一热电厂，2013年该厂停产关闭。2014年除保留建厂初期的主厂房外，其他建筑基本拆除。

工贸建筑

原大丰洋行

原大丰洋行位于原法租界大法国路与巴斯德路交口，现为和平区解放北路与赤峰道交口。该建筑建设年代不详，为二层带地下室砖木结构楼房，也是现存较早的一座在法租界兴建的老建筑。灰色清水墙，多坡瓦顶，基础墙及房屋包角均为石材交错垒砌，显得坚固而沉稳。特别是窗套造型具有欧洲中世纪古堡风格，而檐线山花却借鉴了中亚的特点。主入口处设铁艺栅栏门，高台阶直达楼内，严谨而务实。

1976年唐山大地震后，该建筑的女儿墙受损严重，后经排险将其拆除并改建，因而外墙部分造型至今没能得到恢复。

— 工贸建筑 —

原大来洋行

原大来洋行位于原法租界杜总领事路与巴斯德路交口,现为和平路与赤峰道交口处。该建筑建于20世纪20年代初,建筑布局呈梯形,为平顶二层楼房,一层水泥断块饰面,二层清水墙与水泥面相间,颜色极富变化,加上长方形立窗,效果显得厚重而坚固。正面视野开阔,左右对称,并于顶端各出角楼一座,上饰精美浮雕。该建筑曾作为《庸报》《天津民国日报》社用房,后改作印刷厂等。

该建筑的两座小塔楼早已不复存在,由于长期商用,外貌特征做了很大改变,尚未列入保护名录。

— 工贸建筑 —

原九鬼洋行

原九鬼洋行位于原日租界寿街与松岛街交口，现为和平区兴安路与哈密道交口。九鬼洋行是日本商人九鬼喜一郎在天津设立的分公司，主要从事罗纱、棉布、丝绸等进出口贸易。该建筑大约建于20世纪20年代，为二层砖木结构小楼，清水砖墙，局部水泥饰面。主入口设在拐角处，拱券门上方有三角形山花，内镶公司名称。建筑外墙少有装饰，体现素雅简洁的风格。

在2006年海河沿岸综合开发治理中，兴安路、嫩江路大部分建筑被拆除，拓宽后统称为"兴安路"。

商业建筑

COMMERCIAL BUILDINGS

— 商业建筑 —

利顺德饭店

利顺德饭店位于原英租界维多利亚道与咪哆士道交口，现为解放北路199号。该建筑始建于1863年，由英国牧师殷森德投资建造，是中国近代首家外商开办的大饭店。孙中山、美国前总统胡佛等一批声名显赫的人物都曾在此下榻。该建筑为三层混合结构平顶楼房。1884年和1929年曾进行扩建。建筑造型稳重大方，舒展挺拔，转角处的方形角楼强化了竖向构图，外墙装饰丰富且手法简洁，有许多古典符号运用其中。

该建筑曾进行过多次整修，2009年至2010年按历史原貌进行恢复。现为全国重点文物保护单位、天津市文物保护单位和市级特殊保护等级历史风貌建筑。

— 商业建筑 —

盛锡福

盛锡福位于原法租界杜总领事路，现在和平路渤海大楼旁。该建筑建于1917年，为主体四层、局部五层的砖混结构楼房。底层为零售店，楼上有经销部门和加工车间。1912年，刘锡三与他人合资在估衣街开办了盛聚福小帽店，后因发生矛盾而分手。刘锡三得到该店，并从东南银行获得一笔贷款，便在法租界建立新店，同时把盛聚福改为盛锡福，并于1917年开张纳客。1919年，盛锡福花巨资购置了一套电动制帽机器，自产自销，名气越来越大，吴佩孚曾为盛锡福题匾。

盛锡福已成为天津著名老字号，其老店铺在周边开发改造时被保留下来。

— 商业建筑 —

原老九章绸缎庄

原老九章绸缎庄位于原日租界北旭街，现为和平路与荣吉大街交口。该建筑始建于1920年，清末有一位排行第九的章姓沪商，在天津开办绸缎庄，故以"老九章"命名。该楼东接兴安路，南临荣吉大街，西沿和平路，与老美华鞋店相对。建筑面积1936.65平方米，砖混结构，建筑平面呈倒三角形。初建时三层，后增建为四层，局部五层。主入口位于建筑转角处，以柱承托，形成二、三楼阳台，五层设有方形露台，具有古典主义建筑特征。

该建筑腾迁闲置，外观保持完好，被列为天津市重点保护等级历史风貌建筑。

— 商业建筑 —

原裕中饭店

原裕中饭店位于原法租界大法国路，现为解放北路2号。该建筑建于1922年，由英商同合工程司阿特金森和达拉斯设计，共有150个自然间。整座建筑为三层混合结构带地下室，红砖清水墙。一层为拱形窗户加窗套，二三层方形窗户。外檐主入口处分设塔司干式圆柱，外侧以牛腿承托拱形雨厦。顶部中央配置断檐折叠式拱形山花，两端配以三角形山花，上下呼应，富有韵律。

建筑外观基本没有改变，檐口上方的三角形山花被取消，被列为天津市一般保护等级历史风貌建筑。

— 商业建筑 —

原国民饭店

原国民饭店位于原法租界杜总领事路与丰领事路交口，现为和平区赤峰道58号。该建筑建于1923年，由瑞士乐利工程司设计，为钢筋混凝土框架结构三层楼房。首层外墙为水泥断块饰面，二层以上为清水砖墙，方窗以山花装饰。建筑布局严谨，立面设计简洁大方。院落宽敞，内设半球形盔顶凉亭两座，另有塔司干柱支撑的门楼。1926年中华全国铁路总工会第三次代表大会在此召开。1934年爱国将领吉鸿昌在此被捕。中共天津市委秘密机关和联络站也曾设于此。

目前，该建筑已改作他用，整体面貌依旧，被列为市级重点保护等级历史风貌建筑。

— 商业建筑 —

原玉清池

原玉清池位于南市，现为和平区慎益大街。该建筑建于1924年，占地1991平方米，建筑面积4395平方米，砖混结构。北楼主体四层，顶部正中凸出一座八角楼，南楼两层，有天桥将两者相连。大门设于拐角处，上设内藏式阳台，全部为平顶带宝瓶护栏。这里曾是南市一带最高的建筑。不仅有男池、女池，还设大众池和雅间，且自己生产毛巾和香皂，是当时华北地区规模最大、设施最完备的浴池。

该浴池20世纪90年代停止运营，改作他用。建筑局部多处进行了改动，被列为天津市一般保护等级历史风貌建筑。

— 商业建筑 —

原中原公司

原中原公司位于原日租界福岛街与旭街交口，现为和平区多伦道与和平路交口处。该建筑始建于1926年，1928年1月1日开业，落成后名为"中原公司"。该建筑主体7层，最有特点的塔楼高33米，通高61.6米。1940年遭遇火灾后以原框架进行了重建。1976年唐山大地震将塔楼震损，后改建为四面钟。2000年在和平路提升改造中，拆除四面钟，按照1940年重建后的样式进行复建。

新中国成立后，该建筑一直被称为天津百货大楼，成为特色明显的地标性建筑，现依然为综合性百货商场，被列为市级重点保护等级历史风貌建筑。

— 商业建筑 —

原百福大楼

原百福大楼位于原法租界万国桥口，现为解放北路1—5号。该建筑建于1926年，其名称来自于比利时（Belgique）和法国（France）两个词语首字母的结合。该建筑由比商仪品公司法籍工程师门德尔松设计，为四层（带阁楼层）混合结构楼房。牛舌瓦铺顶，红砖清水墙，底层仿砌石断块，窗户均设铁艺护栏，四层挑檐附有花草浮雕。整体建筑造型好似一艘航船，是集商业、办公、公寓式住宅于一体的综合性大楼。

该建筑曾多次进行整修，2007年腾空，2008年至2009年进行加固和大修，被列为市级重点保护等级历史风貌建筑。

— 商业建筑 —

原电话局北分局

原电话局北分局位于河北区月纬路。1925年，天津电话局临时北分局在大经路一带设立，安装共电式人工交换机650门，1926年迁入这座新建的楼房内。该楼为两层带半地下室混合结构楼房，共有房屋43间。主入口处在高台阶之上，左右各由一圆、一方双柱直顶二层挑檐，上出巨大的三角形山花，显得异常挺拔宏伟。北分局入住后，将原南局的交换机3000门迁入，1929年正式开通。1937年天津沦陷后，此处被日军强占，并建发信台，也称"第六分局"。抗战胜利后，归属天津电信局。

目前，建筑主体保存完好，现为中国联通河北分局营业所。

— 商业建筑 —

原DD饭店

原DD饭店位于原法租界大法国路与葛公使路交口，现为解放北路25号。该建筑建于1927年，为四层混合结构楼房。一层为拱券式通廊，窗口两侧设有装饰立柱，拐角处建有塔楼，顶层有铁瓦护坡。三层檐口镶贴花草图案的瓷砖，沉稳中透着灵气，是一座具有古典主义风格的建筑。DD饭店以制作地道的意大利面而闻名津城。此外还将西餐名菜"铁扒杂拌"引入天津，名噪一时。

2009年9月23日，由于施工中的地铁三号线解放桥站地下25米处发生透水，导致其上方的原DD饭店旧址出现严重断裂，之后被迫拆除。

— 商业建筑 —

原大华饭店

原大华饭店位于原法租界杜总领事路与圣路易路交口，现为和平路与营口道交口处。该建筑建于1927年，为三层砖木结构楼房。据说是由赵四小姐的哥哥赵道生创办的，大华饭店的匾额由美术名家左次修所刻，袁克文曾为大华饭店题词"满足清净"。大华饭店自誉为"天津第一华贵餐馆""全津第一华贵之西餐社""中外名人闺秀游宴之所"，是当时除起士林以外最好的西餐饭店。《益世报》曾报道说："大华饭店屋顶花园自开幕以来，每晚中西士女往者极为拥挤，营业愈振。"但是只经营了三年多便因故停业了。

目前，该楼房为民居，建筑格局没有改变。

— 商业建筑 —

劝业场位于原法租界梨栈大街与福煦将军路交口，现为和平路与滨江道交口处。该建筑建于1928年，由法商永和营造公司建造，为买办高星桥邀庆亲王载振等集股兴建。大楼高33米，主体五层，局部七层，七层之上有塔楼。立面造型受现代建筑思潮影响，采用简洁明快的形式，突出了庄严雄伟的气势。"天津劝业场"的匾额为著名书法家华世奎所书，其意为"劝吾胞舆，业精于勤，商务发达，场益增新"，是天津著名的大型综合百货商场。

劝业场不仅为中华老字号，而且是天津地标性建筑，被列为全国重点文物保护单位，天津市文物保护单位和市级特殊保护等级历史风貌建筑。

劝业场

— 商业建筑 —

原交通饭店

原交通饭店位于原法租界福煦将军路与梨栈大街交口，现为和平路与滨江道交口。该建筑建于1929年，由法国建筑师米勒设计，法商永和工程司建造，为整体五层、局部六层砖混结构楼房。外檐全部混水饰面，底层作楼基处理，基座与二层之间有凸出的横向线脚。五层顶部沿街是贯通的大挑檐，随转角而成曲线，檐下饰以金色植物叶片花饰。五层拱形窗出挑，设微型阳台，六角形塔楼配以阶梯式穹顶，极为别致。

2005年，交通饭店外观保留，内部全部落地重建，目前为商用，被列为市级重点保护等级历史风貌建筑。

— 商业建筑 —

原惠中饭店

原惠中饭店位于原法租界梨栈大街与福煦将军路交口，现为和平路与滨江道交口。该建筑建于1930年，由上海华中营造公司驻津工程部设计，为天祥股东李魁元和周振东、康振甫等人合资兴建，1931年开业。饭店名称取自"秀外惠中"之意。店内有客房100多间，设中餐部、西餐部及舞厅、露天电影、露天球场等。该建筑为混合结构，主体五层，局部六层，顶部正中有三层塔楼，为典型的折衷主义建筑风格。著名剧作家曹禺先生在20世纪30年代曾以惠中饭店为背景，创作了著名话剧《日出》。

目前该建筑保存完好，被列为市级重点保护等级历史风貌建筑。

— 商业建筑 —

原大阔饭店

原大阔饭店位于原英租界马场道,现为和平区浙江路与曲阜道交口。该建筑建于1931年,由犹太人崔伯夫出资兴建,为四层钢混结构,局部五层。外檐为混水墙,另有红砖清水墙面点缀。窗间附有花饰,平面为长条形,转角处呈弧状,入口有四根附墙八角柱,顶层饰以盔形塔搂。室内装饰豪华,部分房间设有木质护墙板及壁炉。建筑整体设计受现代建筑思潮影响,简约而务实,曾为天津市政府第三招待所。

该建筑基本保存完好,2007年进行过较大规模的整修,被列为市级重点保护等级历史风貌建筑。

— 商业建筑 —

渤海大楼位于原法租界杜总领事路，现为和平路275—281号。该建筑建于1936年，由法商永和营造公司设计，买办高星桥之子高渤海独资兴建，故取名渤海大楼。整栋建筑为钢混框架结构八层楼房，局部十层，外墙均以褐色贴面砖装饰，色彩稳重大方，具有现代建筑的风格特征。渤海大楼是当时天津最高、最新式的商业、公寓混合大楼，也是天津市中心的标志性建筑。

目前大楼完好如初，被列为天津市文物保护单位和市级特殊保护等级历史风貌建筑。

渤海大楼

— 商业建筑 —

利华大楼

利华大楼位于原英租界维多利亚道，现为解放北路116号。该建筑建于1936年至1938年，由法国籍犹太人李亚溥出资、法商永和营造公司工程师米勒设计而成的一幢办公兼公寓式大楼，是当时天津最早具有现代化功能和技术的高层建筑。建筑面积6193平方米，主楼共10层，高43米，平面呈凸字形，与东、西配楼围成方形庭院。整座建筑错落有致、方圆结合，色彩稳重、布局合理，堪称近代天津高层建筑的典范之作。

现为中国农业银行天津分行所在地，被列为市级特殊保护等级历史风貌建筑。

— 商业建筑 —

原维克多利餐厅

原维克多利餐厅位于原英租界马场道，现为和平区浙江路33号。该餐厅初为德国厨师起士林开办，据传他曾是德皇威廉二世的宫廷厨师。曾任袁克定（袁世凯长子）的西餐厨师，1907年，起士林在法租界中街办起士林点心铺，后迁到德租界威廉街光陆电影院对过。1940年在现址建成摩登式、钢混结构四层楼房，建筑面积4756平方米，平面呈扇形，外观为弧形。楼内设餐厅、酒吧，具有欧洲风格，天津人习惯称其为"起士林餐厅"。

2009年对该建筑进行修缮，并在顶层拐角处增加了塔楼。"起士林"已成为天津老字号，被列为市级重点保护等级历史风貌建筑。

— 商业建筑 —

原惠罗公司

原惠罗公司位于原英租界维多利亚道，现为解放北路。该建筑建设年代不详，由周云生创办的协顺木厂承建，为砖木结构二层楼房。两坡顶对称布局，一层设大玻璃橱窗，上有长形雨厦，立面为清水墙并附有方形壁柱，整体简洁大气。该公司主要经营高档进口消费品。1925年末代皇帝溥仪由北京逃到天津后下榻张园，其主人张彪为讨好溥仪，专门在惠罗公司定制了欧式家具。1930年3月，溥仪与婉蓉等曾多次到惠罗公司购物。

2006年，因新建保定桥及道路拓宽，该建筑被拆除。

— 商业建筑 —

四面钟

四面钟位于原日租界旭街与松岛街交口，现为和平路与哈密道交口处。该建筑建于1910年，为二层砖木结构楼房，建筑面积约430平方米。转角处的楼顶设有一座钟楼，钟面分别朝向东、西、南、北四个方位，所以称为"四面钟"。1916年旭街有轨电车（黄、蓝牌）通车后，因在此钟楼门前设立站牌而使"四面钟"逐渐成了该区域的代名词，并一直沿用至今。该楼曾经营过药材、杂货，还开办过餐饮等。

四面钟钟楼因1976年唐山大地震毁坏被拆除，1999年在和平路提升改造中得以恢复，并成为这条街上的独特一景。

— 商业建筑 —

原招商局公寓

原招商局公寓位于原英租界维多利亚道与博目哩道交口，现解放北路与彰德道交口。该建筑建设年代不详，整体为三层砖混结构平顶楼房，外檐均为混水饰面。主立面二三层由二十一根圆形爱奥尼克立柱直通顶檐，庄重而宏伟，其间分列四个入口，上方均设壁柱带山花的窗套，使建筑呈现出典型的三段式，素雅大气，纵深感极强。招商局公寓以对外租赁客房为主。

现为商业用房，因拓宽道路，该建筑南端去除四分之一，屋顶加盖一层，被列为天津市一般保护等级历史风貌建筑。

— 商业建筑 —

原芙蓉新馆

原芙蓉新馆位于原日租界松岛街与常磐街交口，现为和平区哈密道与辽宁路交口。该建筑建设年代不详，为三层混合结构楼房，拐角为弧形，二、三层设有视角宽阔的大露台。主入口处设计为三角形雨厦，正中由一根圆形立柱支撑，左右对称，起到出入分流的作用，外檐立面均采用米黄色釉面砖进行装饰。据史料记载，该建筑曾充当日本"官兵之家"，专门接待中高级军官，提供全套服务，成为不折不扣的慰安所。

现为普通居民用房，建筑外形略有变化，内部较为杂乱。

— 商业建筑 —

原常磐旅馆

原常磐旅馆位于原日租界常磐街，现为和平区辽宁路。该建筑建设年代不详，为三层砖混结构楼房。外檐大部以水泥饰面，窗线繁简得当。二层窗与窗之间墙面饰彩色马赛克，一层探出条形雨厦并设有过廊。沿街入口处上方，纵向排列若干凸起的水泥垂直线，使建筑富有拉伸的视觉效果。该旅馆设有后院，成为幽静休闲的共享空间。

目前该建筑商住杂居，原设计被部分改变，损坏比较严重。

— 院校建筑 —

南开学校

南开学校位于南开四马路，现南开区四马路20—22号。学校成立于光绪三十年（1904），由我国著名爱国教育家严修和张伯苓创办。1937年"七七"事变后，主要校舍被日军飞机炸毁，部分师生迁到英租界内的耀华中学，大部师生内迁到重庆南开中学，直到抗日战争胜利后才回到天津。在历史长河中，该校涌现出以周恩来总理为杰出代表的一代又一代对国家有突出贡献的知名人士。该建筑建于光绪三十二年（1906），为砖木结构二层楼房，青砖镶嵌红砖饰面，首层方窗，二层为连续式拱券窗，细部处理繁复而精美。

该建筑被列为全国重点文物保护单位、天津市文物保护单位和市级特殊保护等级历史风貌建筑。

— 院校建筑 —

原北洋女师范学堂

原北洋女师范学堂位于河北区天纬路4号。该学堂创办于光绪三十二年（1906），初设在河北区三马路三才里西口，宣统二年（1910）迁至此地，是国内较早设立的官办新型女子师范学校。张伯苓、张相文、马千里、齐璧亭、曹禺、李霁野等教育家、艺术家曾在此任职任教，邓颖超、许广平等曾在此就读。教学楼坐东朝西，为三层混合结构坡顶楼房，对称式布局，中间设盔形八角塔楼。主入口处由两根通天立柱支撑，台阶高大宽阔，具有欧式宫殿风格。

现存建筑为参照原貌在原址复建的，为天津美术学院教学楼。

— 院校建筑 —

扶轮中学

扶轮中学位于河北区吕纬路93号。该学校成立于1918年，由铁路同人教育会创办，为中国铁路系统最早的员工子弟中学。两座校舍分别于1919和1921年建成，南楼为教学楼，北楼为办公兼宿舍楼，主体均为混合结构二层平顶楼房，石材饰面，体量适宜、舒展。1937年天津沦陷后，校舍曾被日军强占为日本陆军医院。该校以"忠诚、信实、仁爱、勇敢"为校训，著名数学大师陈省身曾就读于此。

目前，校舍不仅保存完好，而且仍在使用中，被列为天津市重点保护等级历史风貌建筑。

— 院校建筑 —

原圣心医院

原圣心医院位于原意租界大马路，现为河北区建国道。该建筑1914年开工，1922年竣工。建设经费全部由创办人斯基亚巴来里亚募捐而来，由罗菲诺尼工程师设计，博尔尼诺工程师负责施工。该建筑为新文艺复兴风格，主要建筑材料来自北京医院内设40个床位，8个专门科室，是天津第一个现代化医院。该医院始终由方济格会传教士管理，经费由意大利慈善家资助，1937年取名圣心医院。

2008年至2009年，相关部门对该建筑进行大规模维修，除加固外，还在建筑外墙饰以深棕色贴面砖。

— 院校建筑 —

思源堂

思源堂位于卫津路 94 号（南开大学校园内）。该建筑建于 1923 年，是美国洛克菲勒基金会与企业家袁述之捐资兴建的科学馆。建筑面积 3952 平方米，为理工系科使用。1937 年 7 月，日本侵略军轰炸南开园，思源堂中弹起火。抗战胜利后，思源堂得以修复，是南开大学仅存的老建筑。该建筑为混合结构三层楼房，清水砖墙，正立面设有六棵立柱支撑入口门廊，具有古典主义特征。

2004 年，本着"修旧如旧"的原则，相关部门对该楼进行了清洗和修补，被列为市级重点保护等级历史风貌建筑。

— 院校建筑 —

原工商学院

原工商学院位于原英租界马场道,现为河西区马场道117号。该建筑建于1925年,为法国天主教会创办的一所大学,初名工商大学,1933年更名为天津工商学院,并成立建筑系。著名建筑师沈理源、阎子亨、陈炎仲及法国建筑师米勒等均在此任教。建筑主体为混合结构三层楼房,红瓦坡顶,清水砖墙。建筑平面对称,楼顶建有法国曼赛尔式穹顶,立面强调古典构图原则。西侧建有内部小教堂,采用半穹顶,独具特色。

现为天津外国语大学教学楼,被列为市级特殊保护等级历史风貌建筑。

原英国公学

原英国公学位于原英租界怡丰道，现湖北路59号。该建筑建于1928年，由英商永固工程司库克和安德森设计，是天津最早的英侨子弟学校。大楼坐北朝南，平面呈飞机形状，"机头"为主入口，"机身"和"机尾"为大礼堂，两翼为教室和办公室。大楼共设5个出入口，东西两翼的门厅，分别为男生和女生的出入口。大礼堂两层看台，共600多个座位，前设舞台，后设放映室，三楼有化妆室。建筑内外装饰讲究，立面造型既有西洋古典主义风格，又有英国地方传统建筑的特点。

现为天津二十中学校址，被列为市级重点保护等级历史风貌建筑。

— 院校建筑 —

范孙楼

范孙楼位于南开中学校园内。1929年，南开"校父"、教育先驱严修因病逝世。为纪念严修（字范孙）的兴学之功，由张伯苓校长倡议在南开中学兴建"范孙楼"，遍及世界各地的南开学友纷纷捐款，并于当年建成。该楼为三层混合结构，局部四层，带有地下室，专供校友会办公和教学使用。大楼中部一层主要为会议室、讲堂、大讲堂等，南、北两翼为物理实验室和仪器室，二层设有书报室、游艺室、生物实验室和标本室，三层有化学实验室等。屋顶为大平台，供师生员工节假日进行集体活动之用。

目前仍为该校所用，被列为天津市重点保护等级历史风貌建筑。

原北洋大学南楼

原北洋大学南楼位于红桥区光荣道。该校始建于1895年,是中国第一所现代大学。初名北洋西学学堂,后改名北洋大学校、国立北洋大学。北洋大学以"实事求是"的校训及爱国、民主的优良传统闻名于世。1952年,该校址调整为河北工学院。现存有南楼、北楼、团城三座历史建筑。南楼、北楼建于1933年,均为砖混结构三层平顶楼房,主入口处设有高台阶及门庭,建筑布局对称,体型简洁大方。

目前,该建筑仍为校区教学楼,被列为市级重点保护等级历史风貌建筑。

— 院校建筑 —

原天津公学

原天津公学位于原英租界小河道，现为南京路 106 号。1934 年由时任天津英租界华人纳税会董事庄乐峰创办，为英式私立精英学校，故称"天津公学"。次年因学生日增，庄乐峰向英租界工部局提出划地扩建的要求，觅得墙子河畔一片 3.5 公顷的洼地，并聘请英国建筑师设计建造了这座中西合璧、设施齐全的校舍。内有小学部、男生中学部、女生中学部、体育馆、图书馆等。1934 年，曾任北洋大学校长的赵天麟出任天津公学校长，从此更名"耀华学校"。

现为耀华中学，被列为天津市文物保护单位和市级特殊保护等级历史风貌建筑。

耀华学校礼堂

耀华学校礼堂位于原英租界围墙道，现为南京路 106 号。该建筑建于 1932 年至 1935 年，由英国建筑师库克和安德森设计，建在耀华校园三角地的东端。大礼堂为二层砖木结构带地下室建筑，外立面为红缸砖，台基、檐口、窗券等采用水刷石装饰，其平面呈扇形，与第一、三校舍相连。礼堂内设有 1270 个座位，另外还设有前厅、观众厅、舞台、化妆室、放映室、仓库等附属房间。大礼堂有连通校内、校外三个入口，为一座供师生习礼、集会、讲演和观看影剧等多功能于一体的大礼堂。

目前该礼堂仍为耀华中学一部分，被列为天津市特殊保护等级历史风貌建筑。

— 院校建筑 —

原日本商业学校

原日本商业学校位于原日租界宫岛街与淡路街交口，现为和平区鞍山道与甘肃路交口处。该建筑建于1935年，是当时日本寻常小学和日本商业学校校舍。建筑整体为钢筋混凝土框架结构，地下一层，地上四层，红砖清水墙，白色线性窗口。主入口分设在路口拐角的两个方向，上有雨厦，便于出入和疏散。内部设日式地板和推拉门，房间分合自如，冬暖夏凉。一期工程后，校区又多次实施扩建。

2008年，相关部门对该建筑群进行了大修，拆除原封闭式围墙，周围环境得到改善，被列为市级重点保护等级历史风貌建筑。

— 院校建筑 —

原培植小学

原培植小学位于原意租界埃马诺·卡洛托道与乌第纳亲王道交口，现为河北区进步道与民生路交口。该建筑建设年代不详，为对称式布局，入口处设有门庭，其中轴部位凸起盔顶式塔楼，并装有铁制风向标，充满浓浓的地中海风情。培植小学是教会学校，校长和英文老师都是美国人。著名的火箭控制系统专家、中科院院士梁思礼，水利学家陆孝颐，知名人士张克诚、陆孝劬及香港音乐家刘靖之早年都曾毕业于该校。

2007年原始建筑被拆除，2010年在原址兴建了一座与原培植小学相似的建筑。

— 院校建筑 —

天津大学

天津大学位于和平区卫津路92号。该校成立于1951年，由原北洋大学与河北工学院合并而成。校内4栋代表建筑建于1954年，由天津大学建筑系师生设计。这组建筑全部为砖混结构楼房，外檐采用硫缸砖清水墙。特别是九号楼巧妙地展现了大量中国传统文化元素，使其整体效果庄重、大气。1958年，毛泽东主席视察天津大学时曾在该楼的台阶上接见该校师生。

目前，整组建筑保存完好，九号楼被列为天津市重点保护等级历史风貌建筑。

德国俱乐部

文化建筑
CULTURAL BUILDINGS

— 文化建筑 —

原英国俱乐部

原英国俱乐部位于原英租界维多利亚道与咪哆士道交口，现为解放北路201号。该建筑始建于1860年，现存建筑为1904年重建，又名"英国球房"或"游艺津会"。为砖木结构二层楼房，对称式布局，红砖砌筑，棕红色铁皮屋顶，大楼正面附墙立有十余根细长的爱奥尼克柱。内部设有网球厅、台球厅、舞厅、酒吧、餐厅、浴室等设施，为当时天津英侨上流社会的社交场所。

现为天津市人大办公楼。2009年对该建筑进行了大规模的维修，部分墙体拆除重建，围墙也基本按原样得到恢复，被列为天津市文物保护单位和市级特殊保护等级历史风貌建筑。

― 文化建筑 ―

原大公报馆

原大公报馆位于原日租界旭街与松岛街交口处，现为和平路与哈密道交口。《大公报》于1902年在天津创刊，报馆初设在法租界警察局对面，1906年迁至日租界。1931年发生"九一八"事变，报纸被迫停刊。1945年12月1日《大公报》天津版复刊，编辑部在法租界，经理部则在日租界四面钟对面这座建于1906年的二层小楼。《大公报》在这里度过了最辉煌的年代，许多享誉国内外的记者、文化人因此成名。

该建筑基本形态没变，和平路改造时外墙立面做了装饰，被列为市级重点保护等级历史风貌建筑。

— 文化建筑 —

原德国俱乐部

原德国俱乐部位于原德租界威廉街，现为河西区解放南路273号。该建筑建于1907年，由德国建筑师罗克格设计，施密特公司施工，为典型的德式建筑。砖木结构，牛舌瓦与瓦楞铁搭配的多坡顶，左右各有一座造型迥异的塔楼，建筑基础及窗套均由麻面巨石垒砌，外形起伏多变，雄伟刚毅。院内设有网球场、露天旱冰场等，是当年德国政客、侨民在津的社交场所。1949年以后，曾为天津市政协办公楼。

2006年在该建筑大修时，为了恢复原貌，添加了一些独有的艺术造型，被列为天津市文物保护单位和市级特殊保护等级历史风貌建筑。

— 文化建筑 —

原天津印字馆

原天津印字馆位于原英租界维多利亚道，现为解放北路 189 号。该建筑建于 1917 年，由英商肯特建立，是英国人在天津创办的首家铅字印刷厂。早在 1894 年便开始承印英文版的《京津泰晤士报》，并翻译国外科技书刊及出版各种精致中英文书籍。它是路透社天津分社、英文《京津泰晤士报》等三位一体的英国文化机构。其建筑面积 3020 平方米，为砖木结构二层楼房，三层为屋顶间，大坡顶，立面密布水泥宽线，与玻璃窗浑然一体，具有浓郁的巴伐利亚建筑风格。

该建筑除一层有所改变外，其余均为原样，被列为天津市重点保护等级历史风貌建筑。

— 文化建筑 —

原光明社

原光明社位于原法租界福煦将军路，现为滨江道143号。该建筑1919年由英籍印度人巴立建造，1927年由上海联华影片公司接管，更名光明影院。由于该影院不断改善设备、提高声光质量并率先实行对号入座等新办法，使上座率一直名列前茅。影院外立面为三段对称设计，顶部设有塔亭，两侧有山花形状的女儿墙，二至四楼中间设有大玻璃窗，墙面镶贴琉璃面砖和棋子格造型。内部分门厅、过厅和剧场三个部分，布局紧凑合理。一楼入口处有匾额，上书"光明社"。

光明影院曾一度改为商场，2011年进行了恢复性整修，被列为市级重点保护等级历史风貌建筑。

— 文化建筑 —

原北疆博物馆

原北疆博物馆位于原英租界马场道，现为河西区马场道117号（天津外国语大学院内）。该馆筹建于1914年，由法国天主教神父桑志华创办，收藏和研究黄河、白河（海河）流域的地质和动植物，是中国早期博物馆之一。该馆由博物馆、试验馆两部分组成。博物馆于1922年由比商仪品公司承建，试验馆建于1929年，由法商永和营造公司承建，两楼间用封闭式天桥相连。混合结构，主体三层，局部二层，清水砖墙，简洁明快。

该建筑整体保留完好，内部依然陈列着大量动植物标本，被列为市级重点保护等级历史风貌建筑。

— 文化建筑 —

原平安电影院

原平安电影院位于原英租界马场道，现为和平区浙江路。该建筑建于1922年，由景明工程司英国人赫明和帕尔克因合作设计，建筑面积2988平方米，有1000多个坐席，楼上设有包厢。剧场内两侧墙壁布满各种几何形浅浮雕，立面的门窗套、横额及墙面也多处饰有浮雕，栏板上还装有灯杆和灯具。主入口处由六根爱奥尼克柱支撑半圆形门庭，非常华丽。1930年元旦，平安电影院放映有声片《歌舞升平》，成为天津电影史上的第一部有声片。新中国成立后，更名为"音乐厅"。

2005年该建筑被拆除，2008年在原址兴建了新的音乐厅。

— 文化建筑 —

原东天仙戏园

原东天仙戏园位于原奥租界大马路，现为河北区建国道121号。该建筑建于1923年，为天津较早的戏园之一，著名演员谭鑫培、尚和玉、梅兰芳等都曾在此演出过，后更名为"天宝戏院"，新中国成立后称为"民主剧场"。该建筑为砖木结构二层、局部三层楼房，建筑面积2361平方米，有坐位1079个。中部顶层设塔亭一座，外檐混水饰面。剧场正门有仿伊奥尼亚立柱，台阶呈半圆形。

目前该建筑除塔亭被拆除外，整体变化不大，但基本处于闲置状态。

― 文化建筑 ―

原美国海军俱乐部

原美国海军俱乐部位于原英租界维多利亚道与宝士徒道交口，现为解放北路113号。该建筑建于1924年，为英国人纳尼斯开办的专供外国驻军娱乐的场所。美国海军于1945年在此设俱乐部，楼内设有酒吧、球房、餐厅、赌场、咖啡厅、舞厅等。建筑为砖木结构二层楼房，混水墙面，外檐装饰丰富立体。入口处凸出的阳台与拱券门窗、扶壁柱等建筑元素交相辉映，具有典型的古典主义风格。

该建筑外观与初建时没有变化，曾用作天津市教工俱乐部，被列为市级重点保护等级历史风貌建筑。

— 文化建筑 —

原乡谊俱乐部

原乡谊俱乐部位于原英租界马场道，现为马场道188号。该建筑建于1925年，由英商景明工程司设计，为混合结构二层楼房，富有英国乡野田园建筑风格。俱乐部不仅设有弹簧地板舞厅、室内游泳池、保龄球场，还设有餐厅、茶厅、剧场、弹子球房、露天舞池等豪华设施。俱乐部紧邻万国赛马场，绿荫芳草，环境幽静，愈加成为外国侨民和上流社会聚会休闲的最佳场所。

曾作为天津干部俱乐部活动场所的一部分，20世纪50年代至80年代接待过大批中外国家领导人，现为市级重点保护等级历史风貌建筑。

— 文化建筑 —

原法国俱乐部

原法国俱乐部位于原法租界大法国路与葛公使路交口，现解放北路与滨江道交口处。该建筑建于1932年，由法租界工部局兴建，为一层砖混结构建筑，带有半地下室。正门设于临街拐角处，两侧有逐段收分的竖线条及多边形壁灯柱。内设酒吧、剧场、舞厅、台球厅、地球厅等设施。后院原有小花园广场、露天舞台等。当时，法国商会也设在此处，因此这里也是法国商人聚会的场所。法国俱乐部是一座具有现代主义装饰艺术风格的建筑，曾为天津青年宫的所在地。

该建筑恢复原貌，现辟为中国金融博物馆，被列为天津市重点保护等级历史风貌建筑。

— 文化建筑 —

原回力球场

原回力球场位于原意租界马可·波罗道，现为河北区民族路47号。该建筑建于1934年，由意大利工程师保罗·鲍乃弟和瑞士人凯斯乐设计，孟特劳克公司施工。该建筑为塔式造型，十分雄伟壮观，充分体现了意大利的建筑特色及南欧的摩登建筑风格。回力球场是由意商福马加里创办，是借运动竞技为名，公开设赌抽头的场所。内设赛场、餐厅、休息室等，是当时华北地区最大的室内游乐场。新中国成立后，原回力球场设施被拆除，改建为天津市第一工人文化宫。

1976年唐山大地震将塔楼震损，后被拆除。2008年按照历史原貌进行了复建，被列为天津市重点保护等级历史风貌建筑。

— 文化建筑 —

中国大戏院

中国大戏院位于原法租界拉大夫路,现为和平区哈尔滨道104号。该建筑建成于1936年,天津"八大家"之一的孟少臣提议为天津建一座高水准、具有现代水平的大剧场,此举得到众多商家、名流的响应。同时还向社会公开出售股票,马连良、周信芳、姜妙香、尚绮霞等京剧名家均参股投资。国民政府外交部长、巴黎和会首席谈判代表顾维钧自愿出让自己名下的2700平方米地块,兴建了建筑面积7770多平方米的剧场,并定名为"中国大戏院"。1936年9月19日举行了隆重的揭幕典礼,时任天津市市长的张自忠为戏院剪彩。

该建筑虽多次整修,其外貌基本未变,被列为天津市文物保护单位和市级重点保护等级历史风貌建筑。

— 文化建筑 —

原光陆电影院

原光陆电影院位于原德租界威廉街，现为河西区解放南路。该建筑始建于1916年，为三层带有地下室的俄式建筑。南部顶端建有锥形顶尖，二楼左侧为圣安娜舞厅，三楼顶层有300多平方米的平台，夏季可举办露天舞会。当时以放映美国片为主，也是上流人士的社交场所。1939年遭遇火灾，1940年重建，建成后更名为"光华电影院"。1949年以后，因租给了苏联对外输出影片公司，遂称为"莫斯科影院"，1969年更名为"北京影院"。

该建筑于2009年被拆除，2010年在原址兴建了相似的建筑。

— 文化建筑 —

原天津商报馆

原天津商报馆位于原法租界窦总领事路，现为和平区长春道186号。该建筑建设年代不详，为二层带半地下室楼房，平顶出大挑檐，顶层设透空水泥围栏，方形窗饰有立体窗套。入口处有高台阶相连，大门有壁柱、山花装点。院墙高大森严，私密性极强。门楼与主建筑的设计前后呼应，和谐一致，沿街左右各设有读报栏。

目前，院内的主体建筑外观已面目全非，原有的装饰均不存在，院墙及门楼完好如初，现为某医院使用。

— 园林建筑 —

原荣园

原荣园位于河西区，系津门富豪大盐商李春城的私家花园，始建于清同治二年（1863），占地面积13.33公顷，其中水面约3.3公顷。园内建有藏经阁、枫亭、中和塔等古建筑，总体设计体现了江南园林的风格。1950年，李氏后人将荣园献给国家，经改造，于1951年7月1日对外开放，更名为"人民公园"。1954年，毛泽东主席题写园名。

2009年，天津市政府对该园进行了大规模的修缮和改造，在保留历史遗迹的同时，增建了与原风格相和谐的园林景观，并于当年免费向市民开放。

— 园林建筑 —

原维多利亚花园

原维多利亚花园位于原英租界维多利亚道以西，现解放北路与泰安道附近。该园在1887年6月21日英国维多利亚女皇即位50周年之际建成并正式开放，故称"维多利亚花园"，又称"英国公园"。该园占地1.23公顷，呈方形。在造园设计上，以英国传统风格为基础，吸收了中国园林自由式布局的手法。1942年，公园更名为"南楼公园"。1945年抗战胜利后，改为"中正公园"。新中国成立以后，定名为"解放北园"。

2011年，该园再次进行整修，完善了园内的设施，丰富了花草树木，维护了现存遗迹。

— 园林建筑 —

原劝业会场

原劝业会场位于河北区中山路中段东南侧，其创设初衷是为劝业陈列所设置一个理想的场地。1905 年，直隶总督袁世凯利用思源庄旧址扩建成一座现代公园。劝业会场分为三个部分：前门两侧是平房店铺，为商务区；过街钟楼后是山水池阁，为公园区；公园后侧建有商品陈列馆、省立图书馆和咨询局大楼，堪称北洋实业运动发展的一座平台。1912 年，劝业会场更名"天津公园"，后改称"河北公园"。1928 年北伐胜利以后，为纪念孙中山先生更名为"中山公园"。

2009 年，该园进行全面整修，在挖掘和保护历史文化遗产的同时，提升了公园的审美情趣及服务功能，特别是复建了劝业会场独特的大门，增色十分。

— 园林建筑 —

宁园

宁园位于天津北站东北一侧，前身系袁世凯委托周学熙选址筹办的种植园。1907年开湖建园，名曰"鉴水轩"。1932年9月修建为公园，借用诸葛亮的名句"宁静以致远"而得名。全园面积57公顷，其中水面18公顷。水面聚分得体，湖湖相连。29座造型各异的桥梁横架两岸，2000多米的长廊将水池亭榭、楼台馆阁连在一起，景色十分优美。

2010年，宁园迎来了有史以来最大规模的提升改造，拆除了园内一批不和谐的建筑物，园林绿化及景观设计更为含蓄优美，处处充满诗情画意。

— 园林建筑 —

原法国花园

原法国花园位于原法租界霞飞路，现为和平区花园路。该园于1917年开工，完成于1922年，占地面积约1.33公顷。公园为正圆形，正中央有石筑八角亭一座，花圃和鹅卵石小路点缀其间，四周有铁栏杆环护，栏杆外为一条环形街道。公园南端竖有铜像一尊，称为"和平女神"。该园曾命名"霞飞广场"，1945年改称"罗斯福公园"，新中国成立后更名为"中心公园"。

该园进行过多次整修，原貌不复存在，只是周边建筑大多被保留。1995年在"和平女神"位置上竖立了爱国将领吉鸿昌的雕像。

― 园林建筑 ―

马可·波罗广场

马可·波罗广场位于原意租界，现民族路与自由道交口处。建于1924年，由意大利雕塑家朱塞佩·博尼设计。广场中间的欧战纪念雕塑是在意大利制成后，途径上海运到天津的。纪念碑周围的环行路为雷希那·埃伦娜路。马可·波罗广场周围兴建了六幢别具特色的意式花园别墅，均为二层楼房，砖木结构，其主要区别在于塔楼的造型及各自的装饰。

2005年在原址恢复重建了广场、喷泉及雕塑，周边历史建筑都进行了修缮，已将该区辟为意式风情街。

道桥建筑

ROAD AND BRIDGE BUILDINGS

— 道桥建筑 —

宫南、宫北大街

宫南、宫北大街位于天津老城东门外海河西侧，南起水阁大街，北至通北路，全长 574 米。该街分别在天后宫的南北两侧，所以称之为"宫南"和"宫北"。旧时这一带漕运繁忙，加之天后宫香火兴旺，民众聚居，商贾随至，以盐业、当业、海运业为盛。每逢农历初一、十五，天后宫都举办庙会。在农历三月二十三的天后圣母诞辰日，这里还要举行盛大的皇会，由此成为天津民俗和年俗的聚集地。

1985 年对沿街建筑进行整修，宫南、宫北大街入口处各立牌坊一座，并统称为"天津古文化街"，现已成为著名旅游品牌。

— 道桥建筑 —

原海大道

原海大道即现在的大沽路，曾是当年天津最长的马路，全长11.067千米。该路还是天津年代最久的道路之一，始称"海河叠道"，清康熙四年（1665）由官商捐资修筑。1860年部分路段沦为租界，贯穿法、英、德租界等。1926年在原土路基础上，整修成马路。这条路上曾有许多历史遗迹，如马大夫医院、英国菜市、法国菜市、高林洋行、先农公司、礼和洋行及天津女青年会等，后将该路分为南北两段。

2005年至2009年间，对该路实施了拓宽工程，沿街大部分历史建筑被拆除。

原大法国河坝

原大法国河坝即现在的张自忠路，位于海河西岸。西北起今荣吉大街，东南至营口道接台儿庄路。该路始建于清乾隆四年（1739），由官商捐资。光绪九年（1883）津海关道工程总局抽取码头捐，将督院旁浮桥至紫竹林一段修成碎石路。1860年，现锦州道以东段划入法租界，分两段命名：锦州道至解放北路段名"柏公使河坝"，解放北路至营口道段名"大法国河坝"。1905年，锦州道以西段划入日租界，名"山口街"。1946年，南京国民政府统一以"张自忠路"命名。

2007年海河堤岸进行了大规模的改造，除加固外，增加了观赏性和实用性，周边建筑也都加以粉饰，使景观更加靓丽。

— 道桥建筑 —

原维多利亚道

原维多利亚道即现在的解放北路（营口道至徐州道段）。它是英租界开发最早、最重要的道路。原来这里是一片沼泽地，北面有个以紫竹林命名的寺庙和村庄。1860年被划进英租界，之后戈登进行了租界内的整体规划。1861年在界内修筑了这条南北主干道。"天津教案"发生后，外国侨民纷纷移居租界，促使英租界改善环境，到1900年庚子事变以前，维多利亚道两侧已兴建了一批商业及金融机构。

由于历史原因，这条道路聚集了一批金融机构，20世纪80年代被确定为天津的金融街。

— 道桥建筑 —

原福煦将军路

原福煦将军路即为现在的滨江道。该路全长2094米。从张自忠路起至大沽路一段修建于1886年，路名"葛公使路"（又称4号路）；从大沽路起至南京路一段始建于1900年，为法租界扩充地，路名为"福煦将军路"（又称26号路）。1941年日伪时期两段路分别更名为"兴亚三区4号路"和"兴亚三区26号路"。日本投降后，于1946年将两段道路合并统一命名为"滨江道"至今。

2000年将其改为商业步行街，同时也称为"金街"，成为天津市最繁华的商业中心。

— 道桥建筑 —

原马场道

原马场道为现浙江路与马场道的总称，修筑于1901年，全长3410米。该路段曾居住过众多在中国历史上有一定影响的人物，其中民国总理潘复在马场道2号，交通次长徐世章在马场道58号，实业家李烛尘在马场道102号，实业家宋棐卿在马场道116—118号，北洋政府海军总长刘冠雄在马场道129号居住。此外，这里还坐落着比较知名的香港大楼、法国教会公寓、工商学院等建筑。

近年来，相关部门对马场道周边建筑进行了多次整修，面貌大为改观，许多历史遗迹都得到了保护或重建。

― 道桥建筑 ―

原大法国路

原大法国路即为现在的解放北路（解放桥至营口道段），与原英租界的维多利亚道相连接。1861年法租界开辟后，十年间界内没有进行正规开发，直到1880年才开始着手市政建设。大法国路最初为沙石路面，1917年法国工部局用沥青重新铺设并加宽了路面，从而吸引了不少投资者。位于该路段的金融机构有：新华信托银行、北洋保商银行、中国农工银行、东方汇理银行、朝鲜银行等。此外法国俱乐部、法国警察局也在其中。

2008年该路再次重修，取消了便道，路面改铺石质方砖，两侧建筑大多进行了修缮和保护性恢复。

— 道桥建筑 —

原梨栈大街

原梨栈大街即为现在的和平路东南段（锦州道至赤峰道段）。1900年法租界向西扩展，将原鲜货批发集散地纳入其范围。约在1902年开始筑路，命名为"杜总领事路"，又称"21号路"，华人则称为"梨栈大街"。1920年以后，这一带陆续建成浙江兴业银行、劝业场、天祥商场、泰康商场以及国民饭店、惠中饭店、交通旅馆、渤海大楼等众多商业服务设施，逐步形成了最繁华的商业中心。

1999年对该路段实施改造，去除便道、树木、护栏，重新铺设管道和路面，恢复一批老字号，引进一批世界名牌，辟为商业步行街。

— 道桥建筑 —

原博罗斯道

原博罗斯道即现在的烟台道。该道以博罗斯名字命名,他是中国近代史上的卜鲁斯,是额尔金的弟弟,曾代表英国来中国交换《天津条约》,结果在大沽口遭到清军痛击。1861年他再次来到中国,担任英国第一位驻华公使。图中高大建筑为美国兵营,湖北督军王占元、江西督军陈光远都曾在此路上建房居住。该路大约修建于1902年。

2010年对该路段进行了路面及沿途建筑的维修,一些历史遗迹被保留。

— 道桥建筑 —

原福岛街

原福岛街即现在的多伦道。东起现张自忠路，西至南门外大街，全长1616米，它紧靠南市，道路沿线多为日式建筑。该路1902年由日本东京建物株式会社修筑，以日本福岛县命名为"福岛街"，1946年由国民政府收复。福岛街上曾建有1927年建造的的中原公司、日本宪兵队和日本军营、清末秀才方若的私宅以及"北四行"的领袖吴鼎昌的劬园等。

2005年，图中左侧的旧式房屋全部被拆除，新的居民区已经建成。

— 道桥建筑 —

原曙街

原曙街即现在的嫩江路。当时这一带被辟为"游廊地"，作为日本妓院及酒店开设的区域，后因日本妓女增多，又扩展到浪速街（今四平道）、松岛街（今哈密道）、蓬莱街（今沈阳道）。朝鲜妓院则集中设于秋山街（今锦州道）。据1936年的相关统计，日租界内领有营业执照的妓院达二百余家，妓女千人以上。该路大约修建于1902年。

2005年，该路段因整体改造，部分路段的房屋被拆除。图中位置为嫩江路与鞍山道交口。

— 道桥建筑 —

原宫岛街

原宫岛街即现在的鞍山道。该路段起自张自忠路，止于南京路，是当时日本在天津租界的政治、军事、文化中心。全长2392米，在这条道路上不仅有原日本驻津总领事馆、日租界警察署、日侨义勇队、大和公园和日本神社，另外还有武德殿、日本商业学校以及张园、静园、段祺瑞旧居等。

2008年，该路段进行了全面整修，拆除了两侧的违章及危陋建筑，恢复了历史原貌。

— 道桥建筑 —

原寿街

原寿街即为现在的兴安路。日租界的道路建设是和土地开发同时进行的。1902年在第一期土地填垫工程中，首先规划和修筑了山口街（今张自忠路北段）、旭街（今和平路北段）、荣街（今新华路北段）、花园路（今山东路北段）、福岛街（今多伦道）、宫岛街（今鞍山道）、松岛街（今哈密道）、寿街（今兴安路）、秋山街（今锦州道）等九条纵横交错的道路。寿街两侧均为联排式二层楼房，曾有一批日本洋行在此落户。

该路段于2005年道路拓宽时，将沿途大部分建筑拆除。

— 道桥建筑 —

原芙蓉街

原芙蓉街即为现在的河北路。在日本统治时期，这里除洋行外，还集中了众多的商店、饭馆、书馆、澡堂、旅店、烟馆、赌场、妓院等，成了灯红酒绿的繁华商业区。图中的主体建筑为储汇屯，底商为"东洋堂"土产店，楼顶拐角处的塔楼1976年唐山大地震后被拆除。

2009年，该路段进行了路面的重新铺设和沿途老建筑的修缮。

― 道桥建筑 ―

原英法租界交界

原英法租界交界即为现在的营口道。以该路中间为界，西北侧为法租界，命名"圣路易路"，也称"12号路"；东南侧为英租界，命名为"宝士徒道"。1946年国民政府重新命名为"营口道"至今。该路分段于1860年至1932年陆续修筑，全长约2959米。1900年以后，由于海河航道得到疏浚，同时挖出的泥沙又填平了各国租界中的大片沼泽，使得天津的投资环境得到很大改善，天津租界的商务活动也趋于繁盛。

2009年，该路的部分路面重新铺设，道路两边的老建筑得到修缮和清整，使街貌大为改观。

— 道桥建筑 —

原明石街

原明石街即现在的山西路。该路横贯三个租界，日租界由今多伦道起至锦州道止；法租界由今锦州道至营口道，称"萨工程师路"；英租界由今营口道至南京路，称"利斯克目道"。日租界的明石街大多是二三层的楼房，清朝末代皇帝溥仪在此有房产十余间，晚清遗老郑孝胥曾在该街的耀华里居住过，日本特务川岛芳子在这条街上设有制毒工厂。图中所显示的是位于明石街与福岛街交口处的同德兴鲜货庄外景。

2009年对该路进行翻修，更换了上下水管道，重新铺设了路面及人行便道，沿途建筑也都加以清理、粉刷。

元纬路

元纬路位于河北区西北部，东南起中山路（原大经路），西北至八马路，中经二、三、四、五、六、七、八马路，全长1188米。该路始建于光绪二十九年（1903），由袁世凯督直时统一规划开拓，并命名为"元纬路"。初建时自原大经路至六马路段，1937年延至八马路。昔日该路非常繁华，有直隶高等工业学堂、北洋铁工厂、真如照相馆、兴华戏院、亚中旅店、中原客栈、三盛澡堂等。

如今，该路沿线还留有少部分老建筑，2013年对其进行加固和统一整修。

— 道桥建筑 —

原大马路

原大马路即现在的建国道，建于 1906 年，为当时贯通俄、意、奥三国租界的主要干道。俄租界段称为"彼得堡路"；意租界称"伊曼纽尔三世路"，也叫大马路；奥租界起名"大马路"。1946 年将三条路接顺，统一更名为"建国道"至今。由于比利时世昌电车电灯公司修建了从旧城东门通往东火车站的电车线路，又将东浮桥改建为铁桥，于是大马路沿线形成了华人零售商业集中的繁华街区。奥匈领事馆、奥匈俱乐部及部分清末民初下野的政界人物均选此落户。图中建筑为意国领事馆。

目前，该路段上的历史建筑多在 2002 年以后陆续拆除。

― 道桥建筑 ―

原旭街

原旭街即现在的和平路锦州道至东南角段，始建于1908年，是当时日租界最繁华的街区。许多商店非常著名，如恒利、物华、天宝三大金店，鸿宾楼、华兴楼等饭庄，天仙戏院、同庆戏院、天津影戏院、中华茶园等文娱场所，华竹、老九章、大纶绸缎庄，祥顺合、源顺合、厚德福、生春阳、桂顺斋、益林春等干鲜果品及糕点店等。

1999年，相关部门对该街进行大规模改造，拆除隔离带，取消公共交通，原有建筑重新装饰，并辟为商业步行街。

— 道桥建筑 —

原法日租界交界

原法日租界交界即为现在的和平路。该路以锦州道（原秋山街）划界，东南段为法租界，将其称为"杜总领事路"；西北段为日租界，命名为"旭街"。1941年，日伪政府将法租界路段称为"兴亚三区21号路"；1946年国民政府将旭街与"兴亚三区21号路"统称为"罗斯福路"，新中国成立后更名为"和平路"至今。租界交界处，曾设铁丝网围墙和出入口，日租界一方有执勤岗亭和宪兵把守，出现洪涝时，此处横腰打垲筑坝，各自管理各自区域。

如今，只有路口上这座老建筑成为历史见证，和平路真正呈现出了和平的态势。

— 道桥建筑 —

原红墙道

原红墙道即现在的新华路，修筑于1919年。该路西起多伦道，南至马场道，全长2746米。最初该路跨越英租界、法租界和日租界三个租界，并分别命名路名。1943年，日本占领天津后，改称为"兴亚二区40号路"。1946年，天津市政府将其更名为"林森路"。1949年，中华人民共和国成立，将该路统称为"新华路"至今。

目前，新华路是天津市历史风貌建筑的聚集地之一，大量的名人故居坐落于此。

— 道桥建筑 —

原香港道

原香港道即为现在的睦南道。该道所在地域原是一片沼泽洼地，英租界工部局在1903年获得这片土地后，于1919年至1926年结合海河清淤工程进行填筑，使之成为适合城市建设的用地。1929年修建此路后，两侧迅速形成大片高级住宅区。中国政府接收英租界后，将其更名为"镇南道"，后改为"睦南道"。睦南道现存有风貌建筑74幢，名人故居22处，市级文物保护单位4处。

如今，睦南道与其他另几条道路统称"五大道"，成为天津历史风貌建筑最集中的区域。

— 道桥建筑 —

原伦敦道

原伦敦道即为现在的成都道，1929年开始修筑，又称"45号路"。1930年前后，英租界工部局将墙子河外划分为三个等级区，伦敦道以南为一等住宅区，不允许开铺面。由于该路的静谧与幽雅，官僚买办纷纷来这一带购地建房。1943年改称为"南纬20号路"，1946年，国民政府定名"成都道"至今。1965年，向西南延伸至吴家窑二号路。

成都道已成为"五大道"风貌保护区的一部分，大批特色建筑及历史遗迹被保留。

原丰领事路

原丰领事路即为现在的赤峰道（和平路至南京路段），当时以法国驻天津领事丰大业名字命名。1943年日本占领天津后，改称"兴亚三区8号路"。1946年更名"赤峰道"至今。该路居住着许多下野的军阀、督军，故有"督军街"之称。如奉系军阀杨宇霆、汤玉麟，山东军阀张宗昌，五省联军总司令孙传芳，浙江督军卢永祥，山东督军郑士琦，福建督军周荫人、李厚基，广东水师提督李准，天津镇守使赵玉珂、谢雨田等。此外，张学良的"少帅府"也坐落于此。图中建筑为开滦煤矿办公楼，建于1924年。

该路段众多历史风貌建筑的整体形态得以保护，经多年来的整修和改造，基础设施明显提升。

— 道桥建筑 —

原七月十四日路

原七月十四日路也称"24号路",即为现在的长春道。1931年陕西银行曾在这条路上设立天津办事处。此外,中共天津地方执行委员会机关也设在法租界七月十四日路上的普爱里34号。图中的法式建筑为现在的隆泰里,也是中共北方局的秘密活动地点。

解放北路至大沽路的这段长春道,旧时建筑大多被拆除,图中为仅存的老房子。

— 道桥建筑 —

原贝拉扣路

原贝拉扣路即为现在的哈尔滨道（和平路至南京路段），法租界当时把现哈尔滨道分成三段命名：狄总领事路、拉大夫路和贝拉扣路。该路全长2040米。在这段路上有中国垦业银行、大陆银行、中国大戏院、法国电灯房、益友坊、圣若瑟女校等代表性建筑。图中主体建筑为普德里居民区。

该路段的基本形态没有太多变化，只是道路两侧的历史建筑大多已被拆除或改建。

183

— 道桥建筑 —

金钢桥

金钢桥位于现大胡同与中山路连接处，始建于光绪二十九年（1903）。当年为通行方便，三岔河口的窑洼木桥被改建成金钢桥，桥面为木板，桥梁主墩为沉箱基础，外露墩身为圆形混凝土实体柱外包钢板。1925年，该桥因不能通过大型车辆，而在旧桥下游建成一座大型钢梁双叶立转开启式新桥，称为"金钢桥"。

1998年拆除了曾于1925年兴建的开启式钢桥，并在原址建设了双层立交桥；2005年又拆除了残留在河中建于清末的老桥墩。

— 道桥建筑 —

金汤桥

金汤桥位于河北区建国道西端，由天津海关道及奥、意租界两领事馆、电车公司合资，将原东浮桥改建为永久性钢桥。1906年该桥建成后，投资者以"固若金汤"之意，将此桥取名"金汤桥"。其桥梁分三孔，全长76.4米，其中较大孔径为固定跨，两孔为平转式开启跨，可以用电力启动。1949年初的平津战役中，中国人民解放军东、西两个突击集团在此桥会师。

2003年，相关部门对该桥进行了复原重建，桥面升高1.2米，恢复了开启功能。由于辅桥采用钢材与玻璃建造，老百姓遂将其称为"玻璃桥"，被列为天津市文物保护单位。

— 道桥建筑 —

耳闸

耳闸位于河北区新开河与子牙河交汇处。光绪七年（1881），直隶总督李鸿章奏请在堤头开河泻水，以解海河洪涝之压。光绪十九年（1893）在堤头引河旧迹开挖新减河，建筑石坝、石闸。1919年，顺直水利委员会实施重修，由海河工程局外籍工程师平爵内设计，主要功能为汛期分洪，平时挡水、通航，分洪闸共18孔，是天津第一座水利工程。

老闸被保留的同时，在其身后又兴建了一座新闸。2008年闸口以东辟为耳闸公园，供市民游览、休闲。

— 道桥建筑 —

原万国桥

原万国桥位于原法租界大法国路，即现解放北路最北端，始建于1927年，并于当年10月18号举行了落成典礼仪式。该桥耗银190万两，由法国工程师设计，其技术水平代表了当时开启式铁桥的最高水准。新桥建成后，相邻的老龙头铁桥（1902年建）随即拆除。1949年，万国桥更名为"解放桥"。

2006年政府对该桥进行了最大规模的维修，桥身整体升高1米多，一些部件更换或加固，特别是恢复了中断30多年的开启功能，现为市级文物保护单位。

— 道桥建筑 —

大红桥

大红桥位于子牙河下游，南衔新河北大街，北通红桥北大街。该桥始建于1937年，是开启式铁桥，也是红桥区区名的由来。大红桥全长80.24米，桥宽12.66米，车行道宽5.5米，两侧非机动车道各宽1.58米，人行道各宽1米，载重10吨。全桥由三孔组成，南孔为11米开启跨，中孔为56.38米的钢性柔杆性拱，北孔为简支体系的引跨，全部为钢结构。老红桥在1924年被洪水冲垮，该桥建在老红桥以西，亦称"西河桥"，1965年改称"大红桥"，至今仍在使用。

2010年对大红桥进行了加固维修，只是开启功能没有恢复。

交通建筑
STATION AND PIER BUILDINGS

— 交通建筑 —

原紫竹林码头

原紫竹林码头位于海河西岸现赤峰桥至大光明桥一段的台儿庄路沿岸。清朝末年原有古庙一座，称紫竹庵。当时这一带沟渠纵横，村落密布，水田交错，杨柳成荫。沿河向上有马家渡口，向下有宝船渡口，是商船、渔船从三岔河口入海的要冲。自1860年天津被迫开为通商口岸后，英、美、法三国将位于紫竹林村沿河一带划为租界，英商便集资在此修建码头。

该码头于20世纪60年代末逐步取消，20世纪80年代建成海河带状公园，2007年再次进行提升改造。

— 交通建筑 —

原俄租界码头

原俄租界码头位于原俄租界西区的海河北岸，西南毗邻意租界，东至车站西侧，北至铁路。俄租界东区从海河转弯处向南，西临海河，与英国、法国、德国租界隔河遥对，东至京山铁路，南迄大直沽。东西两区共占地398公顷，居天津各国租界之首。由于俄租界河岸线长，因此工业及仓储业非常发达。英商亚细亚火油、美商美孚、德士古三大油行均在此建立大储油罐及码头，英美烟草公司、英商卜内门公司等也在此设立工厂。

一百多年后，在海河岸边相同的位置，依旧停靠着船舶，只是昔日木船变成了旅游观光船。

— 交通建筑 —

原天津总站

原天津总站位于原河北大经路以北，现为河北区中山路北端，始建于光绪二十九年（1903）。最初命名为"新开河火车站"，后更名为"天津城火车站""天津新站"。宣统二年（1910），京奉铁路与津浦铁路在天津新站举行联轨典礼。1912年津浦线全线通车后，更名为"天津总站"。1938年日军占领天津后，火车站更名为"天津北站"，之后沿用至今。该车站曾是天津政治文化的中心地带，见证了许多重要的历史事件。

2014年4月1日，天津北站停止运营。之后，对横跨站台的老天桥、老站房等进行恢复性大修，2015年4月重新投入使用。

― 交通建筑 ―

天津西站

天津西站位于大红桥以西，现红桥区西青道东端，始建于宣统元年（1909），第二年12月14日开始运营。该建筑主体三层，局部四层，顶部设有盔式钟楼，成为独特标志。外檐清水砖墙，牛舌瓦多坡顶，整体呈"凸"字型，中部对称，两侧设楼梯走道、瓶式护栏，窗套多有变化，并由二楼进入主大厅。该建筑结构复杂，为典型的德国中古式建筑风格。

2009年天津西站进行大规模扩建，老站房向东南方向整体迁移了140米，其中向南135米，向东40米，同时整体抬升了2.5米，被列为市级特殊保护等级历史风貌建筑。

居住建筑
RESIDENTIAL BUILDINGS

王郅隆旧宅

王郅隆旧宅位于原德租界，现为河西区浦口道 22 号。该建筑建于 1900 年，为二层加阁楼带半地下室的砖木结构建筑。红色牛舌瓦多坡顶，主入口设有十六级台阶，两组双柱支撑折角门廊，造型精巧别致。一层为客厅、书房，另有餐厅、厨房等；二层有大厅、卧室、露台。院内有水池、喷泉，中间是一座中国古典式六角单檐攒尖顶凉亭，亭与院子由汉白玉石桥相连。王郅隆，天津人，先后任黑龙江、湖北、安徽等省盐务采运局总办及北洋政府财政总长，被视为安福系军阀的"财神"。

图为该建筑之门房，主楼被列为天津市重点保护等级历史风貌建筑。

— 居住建筑 —

梁启超旧宅

梁启超旧宅位于原意租界马可·波罗道，现为河北区民族路44号。光绪二十四年（1898）戊戌变法失败后，梁启超流亡日本，辛亥革命后回国。1914年在天津意租界购地，并请意大利建筑设计师白罗尼欧为其设计了住宅。该建筑为砖混结构二层楼房，带地下室，楼体东侧转角处为八角形角楼，一、二层设有柱廊。坡屋顶，外檐为混水墙面，后来又在旁边修建了书斋"饮冰室"。

现该建筑已辟为梁启超纪念馆，为全国重点文物保护单位、天津市文物保护单位和市级重点保护等级历史风貌建筑。

— 居住建筑 —

袁氏旧宅

袁氏旧宅位于原奥租界，现为河北区海河东路。该建筑建于1918年，由英、德建筑师设计，具有欧洲古典主义特征。该建筑为混合结构三层楼房，共有54间房屋，建筑面积2089平方米。其最大的特点是设有"隐身处"和"脱身处"。"隐身处"在二楼右侧，楼梯可上至顶层、下至地下室。"脱身处"是在三楼凉亭处，设有铁梯，直达后花园余门。此外，该楼二、三层之间还专门设计了一间八角形房屋，几面窗户都朝向海河，寓意八方聚财。

21世纪初，数十户居民从该楼里迁出，随后进行了彻底维修和复原，周边环境也得到整治，被列为天津市文物保护单位和市级特殊保护等级历史风貌建筑。

— 居住建筑 —

李吉甫旧宅

李吉甫旧宅位于原法租界霞飞路，现为和平区花园路12号。该建筑建于1918年，由乐利工程司瑞士建筑师陆甫设计，是一座仿英国庭院式楼群。李吉甫是英商仁记洋行的买办，他的住宅兼有东西方的建筑特色。外墙有方壁柱凸形窗，正门入口为三个铁艺花饰拱券门廊，顺台阶入内是方形回廊，天井中央有喷水池，四角设大花坛。在回廊的东、西、北三面各有一组建筑，建筑中央设有两层高的十字交叉拱大厅，卧室、客厅、餐厅、书房等环布四周。

天津市和平区政府曾在此办公，2009年腾迁，被列为天津市文物保护单位和天津市特殊保护等级历史风貌建筑。

— 居住建筑 —

段祺瑞旧宅

段祺瑞旧宅位于原日租界宫岛街，现为和平区鞍山道38号。段祺瑞历任湖广总督，湖北、河南都督，北洋政府陆军部总长、国务卿、国务总理等职。1924年为北洋政府临时执政，1926年至1933年在津期间，寓居于此。这所住宅原为北洋政府陆军总长吴光新的私产，建于1920年，为混合结构三层楼房。首层正面中间部位突出，上十级台阶为门厅和前廊，二楼正面设屋顶平台，三楼背面东西角各有平台一座。楼内房间宽大、考究，整个宅第共有房屋七十四间，属古典复兴式风格。

该建筑因1976年唐山大地震缘故，大坡顶改为平顶，原有的塔楼、角亭均被拆除，现为天津市重点保护等级历史风貌建筑。

— 居住建筑 —

訾玉甫旧宅

訾玉甫旧宅位于原英租界新加坡道，现为和平区大理道 37 号。该建筑建于 1920 年，原为祥发顺木器行经理訾玉甫的私人宅邸，为一座二层砖木结构建筑。外立面为红砖清水墙，屋顶为红色多坡瓦顶。该建筑正面顶层设有角楼式阁楼天窗，主入口的石头台阶上方伫立四根白色方柱，支撑着带有装饰护栏的半圆形阳台，并形成半封闭式门厅过廊。建筑的门窗均以白色水泥镶边。

该建筑现为天津市卫生局幼儿园，被列为天津市一般保护等级历史风貌建筑。

刘冠雄旧宅

刘冠雄旧宅位于原英租界马场道，现为河西区马场道123号。该建筑建于1922年。1923年11月，九任北洋政府海军总长的刘冠雄寓居天津，并根据本人的构想建起了三幢西式砖木结构洋楼。中楼仿航母上部造型，西楼貌似巡洋舰，北楼则借鉴了望远镜的形状。中楼和西楼已不存在。北楼为三层带地下室建筑，红砖清水墙，部分砂石罩面，挑梁、大瓦顶。一楼为大厅、饭厅、书房和会客厅，二、三楼为生活起居室。整栋大楼装潢讲究，富丽堂皇。

原建筑上的角亭已不存在，其余均得到很好的保护，被列为市级重点保护等级历史风貌建筑。

— 居住建筑 —

张勋旧宅

张勋旧宅位于原德租界纪念碑街，现为河西区浦口道6号。该建筑建于20世纪初，为德式小洋楼。主要建筑分东、西两楼，占地面积17660平方米，建筑面积4663平方米，有楼房56间、平房66间。楼房红瓦坡顶，混水墙面，室内装修考究。两楼以开敞式柱廊相连接，整体效果轻盈通透，色彩搭配协调。前后庭院均有假山、凉亭、荷花池、石桥，并养鸟兽、花卉等，为园林景观之精品。张勋曾任江西督军、长江巡阅使。1917年率军进入北京，拥立末代皇帝溥仪复辟，失败后寓居天津。

该建筑保存完好，坡顶重新铺设，周边环境得到改善，被列为市级重点保护等级历史风貌建筑。

— 居住建筑 —

高树勋旧宅

高树勋旧宅位于原英租界香港道,现和平区睦南道141号。该建筑建于1931年,整体建筑为主体二层、局部三层砖木结构庭院式楼房。红瓦多坡顶,硫缸砖清水墙,左侧凸出一伞状塔楼,人字屋脊墙面做局部水泥装饰,造型起伏多变,精致大方,展现了英式民居的独特风格。高树勋,河北盐山人,著名爱国将领。1945年10月率所部在邯郸前线起义,1946年加入中国共产党。新中国成立后曾任全国政协委员、国防委员会委员及河北省副省长等职。

该建筑保存完好,被列为市级重点保护等级历史风貌建筑。

— 居住建筑 —

吴毓麟旧宅

吴毓麟旧宅位于原威尔逊路，现为河西区解放南路292号。该建筑建于1931年。吴毓麟曾任大沽造船所所长、津浦铁路局局长、北洋政府交通总长，1924年退居天津开始投资实业。最初居住在意租界文森索罗西道，后搬入这幢由著名实业家庄乐峰建造的洋楼。主楼为砖木结构三层，多坡瓦屋顶，角部设有锥形小塔楼，门、窗及檐口处均有浮雕装饰，阳台巧妙运用圆孔造型形成护栏。一层门厅内设有大理石喷泉，拱顶上绘有人兽混合图案，弧形落地窗镶嵌着彩色玻璃。

该楼现为保险公司使用，建筑外观有局部改动，被列为市级重点保护等级历史风貌建筑。

― 居住建筑 ―

李勉之旧宅

李勉之旧宅位于原英租界香港路，现为和平区睦南道74号。该建筑建于1937年，由奥地利设计师盖苓设计，在1000平方米的庭院内，分别建造了4栋相同的别墅，由李勉之、李允之、李进之、李慎之兄妹四个居住。每栋建筑面积984平方米，地下一层，地上三层，砖木结构，花岗石基础、卵石混水罩面，大坡度尖顶，并设有屋顶晒台。室内护墙板、地板全为高级硬木制做。客厅为六角形，内有造型精致的壁炉。李勉之为天津近代著名民营企业家，曾任中天电机厂经理、天津市电机工业公司经理、天津市工商联常委等职。

该建筑现被列为市级重点保护等级历史风貌建筑。

— 居住建筑 —

易兆云旧宅

易兆云旧宅位于原意租界马可·波罗道，现为河北区民族路 92 号。该建筑建设年代不详，为二层砖木结构楼房。外檐立面均设置柱式廊窗，雕饰丰富细腻，转角处设置塔楼，塔楼顶部为双列柱式凉亭，通透、隽秀、典雅，充分体现了虚与实、圆与方的对比，展现出文艺复兴的建筑风格。易兆云（1870—1933 年），福建厦门人，1922 年北洋政府曾授其陆军军需监，1937 年迁居于此，并拒任伪职。

2006 年该建筑实施腾迁，并进行大规模整修，使其基本恢复原貌，被列为市级重点保护等级历史风貌建筑。

孙良诚旧宅

孙良诚旧宅位于原意租界马可·波罗道，现为民族路86—88号。该建筑建设年代不详，为马可·波罗广场周边环形分布的6栋顶部带塔亭的二层别墅之一，属意大利南方海岸常见的第二帝国建筑风格。孙良诚（1893—1951年），天津静海人，西北军冯玉祥麾下"十三太保"之一和"五虎将"之一。抗战前任南京国民政府军事参议院中将参议。抗战爆发后，任冀察战区副总司令兼游击总指挥、三十九集团军副司令，后任伪职。1948年淮海战役中率部投诚。

2006年对该建筑进行全面整修，使其成为开发后的意式风情区代表建筑之一，被列为天津市重点保护等级历史风貌建筑。

— 居住建筑 —

曹锟旧宅

曹锟旧宅位于现河北区进步道94号，曹锟（1862—1938年），字仲珊，天津人。1882年投新建陆军，后被选送天津武备学堂深造。1920年直皖战争，皖系失败，以直隶督军兼直鲁豫三省巡阅使成为直系首领。1923年贿赂国会议员当选总统，1926年后隐居天津。

该建筑建于民国年间，砖木结构二层，局部三层，由甲、乙、丙、丁、戊几栋建筑组成，平面布局紧凑，总建筑面积2086平方米。该建筑为二层砖木结构，立面由爱奥尼克式廊柱构成，正中山墙上饰有繁复的花草卷纹浮雕，线条简洁流畅，目前保存尚好。

— 居住建筑 —

张园

张园位于原日租界宫岛街，现为和平区鞍山道59号。该建筑建于1915年，为晚清两湖统制张彪的豪华私邸，占地约1.33公顷。现存建筑为混合结构二层楼房，转角处设有塔楼，红瓦坡顶，清水砖墙，拱券门厅，借鉴了意大利古典复兴造型。1924年冬，孙中山先生赴京途中曾下榻于此月余。1925年2月24日，清逊帝溥仪从北京逃至天津，也曾居于张园。"七七"事变后，侵华日军在此作为军官官邸。

该建筑的塔楼于1976年唐山大地震中损毁，后按原样复建，被列为市级重点保护等级历史风貌建筑。

— 居住建筑 —

疙瘩楼

疙瘩楼位于原英租界威灵顿道，现为河北路283—295号。该建筑建于1937年，由意大利建筑师保罗·鲍乃弟设计，英商先农公司建造的八门联体公寓。该楼为三层半砖木结构，一层在半地下，正门在二层，高台阶、圆拱门，三层设有曲尺形阳台，阳台的花柱如珍珠串一般新奇别致。疙瘩楼的外墙采用过火砖砌筑，自然形成了疙瘩点点的独特外观，因而被天津人俗称"疙瘩楼"。著名京剧表演艺术家马连良曾在此居住，因而，当时一批艺术大师及显赫人物频繁光顾这里。

目前，该建筑部分改作商用，建筑主体基本保存完好，部分外墙因过度装饰遭到不同程度的改变，被列为市级重点保护等级历史风貌建筑。

— 居住建筑 —

民园大楼

民园大楼位于原英租界加的夫道，现和平区长沙路66—68号。该建筑建于1937年，由奥地利建筑师盖苓设计，原为三层，后加盖一层。整座大楼由甲、乙、丙、丁4个不同的单元式住房组合而成，呈现出超前的时尚元素。最巧妙的是民园大楼的方孔式围墙，采用百叶窗的原理，满足了房主人深居与私密的需求。整栋建筑以白色混水墙为主，在部分窗间隔墙处饰以棕黄色硫缸砖，简约大方，比例协调，富有变化。

目前该大楼仍以居住为主，处于"五大道"旅游核心区，被列为市级重点保护等级历史风貌建筑。

— 居住建筑 —

香港大楼

香港大楼位于原英租界香港道，现为睦南道2—4号。该建筑建于1937年，由奥地利建筑师盖苓设计，为现代公寓式住宅楼，楼平面呈"L"形，砖混结构，地上五层，地下一层，房屋183间。内部单元式布局合理紧凑，主要房间朝向东、南两面，便于采光、通风，每个单元均设主楼梯和小楼梯。楼东、南两面从二层起向外挑出2米直至顶层，作为封闭暖廊，颇有特色。外墙采用大面积玻璃窗与砖墙形成虚实对比，浅色水泥饰面与深色清水墙使整栋建筑清晰明快。

该建筑保存完好，基本维持原貌，被列为市级重点保护等级历史风貌建筑。

— 居住建筑 —

日式民宅

日式民宅位于原日租界桔街，现为和平区蒙古路。该建筑建于1926年，为日租界警察署宿舍，1946年更名新兴里，1982年改为新佳里。这组建筑为砖木结构二层楼房，由四栋相同样式的小楼围拢出一个半封闭院落。楼梯间为半圆形凸出造型，入口上方有雨棚，外檐立面采用"甩疙瘩"抹灰饰面，整体效果朴实素雅。

目前，建筑格局与初建时相差无几，由于维护保养不够，显得有些破败，被列为天津市一般保护等级历史风貌建筑。

— 居住建筑 —

法式民宅

法式民宅位于原法租界福煦将军路，现为和平区滨江道228—248号。该建筑建于1917年，为二层砖木结构坡屋顶楼房，当时为出租性住房。建筑平面为单开间联排式，前后有院，居室比例适宜，采光良好。外檐立面混水与清水交替饰面，色彩丰富和谐，窗与窗之间墙面配有团形浮雕，建筑两头凸起多坡重檐尖顶。内部均为木地板、木楼梯及木屋架。

该建筑是滨江道商业街上难得保留下来的法式民居，2009年将院墙及违章建筑拆除，基本恢复原貌，一层仍为商铺。

大沽口炮台

大沽口炮台位于滨海新区大沽口海河南岸。清嘉庆二十一年（1816），清政府在大沽口南北两岸各建一座圆型炮台。鸦片战争后，清政府对炮台进行增修加固。至道光二十一年（1841）已建成大炮台5座、土炮台12座、土垒13座，组成了大沽炮台群。咸丰八年（1858），僧格林沁作为钦差大臣镇守大沽口，对炮台进行全面整修，共建炮台6座，分别以"威""震""海""门""高"五字命名。

现保存较好的是"威"字南炮台和"海"字老炮台两座遗址，其他炮台已荡然无存，被列为全国重点文物保护单位、天津市文物保护单位。

— 军事建筑 —

原法国兵营

原法国兵营位于原法租界水师营路，现为和平区赤峰道 1-5 号，始建于 1915 年，占地 7400 平方米。二至四层楼房共五幢，另有一些平房，包括兵营、军官住房和司令部等，总面积约 6030 平方米。二、三层外檐一侧设外廊，外跨楼梯直通顶层。一层主要是厨房、食堂、车库和拘留室等，二、三层除士兵宿舍、厕所、洗漱室外，还有军官办公室等。司令部则是二层西式楼房，立面造型体现了法国传统建筑风格。兵营建筑群全部封闭布置，沿街墙面为砖砌的凹凸横线条，自然流畅，变化丰富。

该建筑群一部分已被拆除，另一部分实施腾迁并进行保护性整修，被列为市级重点保护等级历史风貌建筑。

— 军事建筑 —

原意大利兵营

原意大利兵营位于原意租界萨尔瓦哥·拉吉道，现为河北区光明道20号。该建筑始建于1916年，现存建筑为1925年所建。整体为砖木结构连拱式楼房，造型别致，布局合理，功能齐全。首层为公用设施，二层和三层为士兵宿舍，矮楼为军官办公室及宿舍，典型的罗马风格，为全国此类建筑中保存最完好的一座。新中国成立后，该兵营曾为解放军天津警备区独立师师部。

2007年实施腾迁并加以整修，被列为天津市特殊保护等级历史风貌建筑。

— 军事建筑 —

原美国兵营

原美国兵营位于原德租界5号街，现为河西区广东路1号，始建于1917年，占地2.1公顷，建筑面积3500平方米。抗日战争前驻军1500余人，番号为15联队，司令官为上校军衔。马歇尔、史迪威、魏德迈等美军高级将领均曾在这里服役。该址现存历史建筑三幢（1、7、8号楼），均为砖木结构楼房，其中7、8号楼的建筑变化复杂，细部处理多样，转角处的角楼成为构图中心。1号楼设壁柱装饰，显得厚重沉稳。

2007年对该组建筑进行了加固维修，外墙重新饰面，屋顶重新铺装，外貌及颜色改动较大，被列为市级重点保护等级历史风貌建筑。

— 军事建筑 —

原武德殿

原武德殿位于原日租界住吉街，现南京路228号。该建筑建于1941年，由日本武德会天津支部主持兴建，是侵华日军习武健身的场所，又名"演武馆"。为二层砖木结构楼房，占地2808平方米，建筑面积2200平方米。外檐用黄色釉面瓷砖镶嵌，四坡青琉璃瓦顶，正脊黑布瓦。首层为公寓式住房，有拉门式榻榻米。二楼为练武厅，内设柔道、击剑、拳击等健身习武设施。

现为天津医科大学医院图书馆，2008年该建筑再次进行维修，被列为市级特殊保护等级历史风貌建筑。

— 军事建筑 —

原维德洛兵营

原维德洛兵营位于原英租界红墙道，现为和平区新华路。该建筑建设年代不详，是一处封闭式居住区。拱形院门上方镶有一副牌匾，上写："WETHERALL BILLET"，意为"维德洛兵营"。进入大院后，南北各排列着四栋形制相似的二层独体楼房，西面则横卧一栋，从而围拢成一个"凸"字型活动空间。这组建筑均带有半地下室，每栋楼的入口均设外跨式楼梯，所有窗子都加有双层百叶窗。内部设施齐全，环境深幽静谧。

现为文泉西苑普通居住小区，建筑基本保存完好。

― 军事建筑 ―

原美国旧兵营

原美国旧兵营位于原英租界博罗斯道和海大道交口，现为和平区烟台道和大沽北路交口，即烟台道1号。该建筑建于1912年，为四层砖混结构大坡顶楼房，灰砖清水墙，窗台及拱券用红砖配饰，消除呆板和单调。主入口两侧各有方形列柱支撑，上部为半圆形贯通一至四层的楼梯间，整个建筑高大舒展，简朴实用。1917年第一次世界大战后，美国兵营由该地迁至前德租界24号路，现在的广东路1号。

2013年对该建筑进行了全面修复，基本还原了旧时的风貌。

— 宗教建筑 —

仁慈堂

仁慈堂位于原后河沿，现为古文化街南口解放广场以西。1860年，首批法国仁爱会的五名修女在天津创办了孤儿院，1861年建起仁慈堂。1866年修女增加至十名，并在仁慈堂内开设了医院和病房。1900年义和团运动后，重新维修了仁慈堂，至天津解放时仁慈堂尚有471名孤儿。1951年，天津市民政局接管，并与其他六处孤儿院合并，组建了天津市儿童福利院。

2009年，因海河西岸实施开发改造，将仁慈堂老建筑拆除。2010年在遗址附近重新修建，其建筑造型大致相似，并恢复了塔楼，最大的变化是朝向与原来相反。

— 宗教建筑 —

紫竹林教堂

紫竹林教堂位于原法租界圣路易路，现为和平区营口道 16 号。该建筑建于 1872 年，占地 4534 平方米，主体建筑面积 779 平方米，是一座具有浓郁文艺复兴晚期风格的希腊式教堂。该教堂为砖木结构，教堂内部铺满红、蓝、白三色瓷砖。祭台为白色大理石，上面刻有三个不同造型的十字架，四周装饰着卷云与波浪，并镶嵌有一块碑文。教堂两侧的拱型窗，由菱形彩色玻璃拼接而成。唱经楼非常典雅，沿螺旋式楼梯向上便可见到那架赫然而立的古典管风琴。

该建筑损毁严重，2009 年将教堂院内的违章建筑拆除，2014 年根据历史原貌进行恢复性维修，被列为市级特殊保护等级历史风貌建筑。

— 宗教建筑 —

望海楼教堂

望海楼教堂位于原三岔河口，现为河北区狮子林大街292号。该建筑始建于1869年，现存建筑为1904年重建。原名圣母得胜堂，1870年6月反洋教斗争时，教堂被天津百姓烧毁，1897年法国天主教会在原址复建。1900年义和团运动中，教堂第二次被焚。望海楼教堂为哥特式建筑，坐北朝南，占地3000平方米，主体建筑为石基砖木结构，平面呈长方形，正立面为笔架形三个平顶塔楼。

1976年唐山大地震后，该教堂受损严重，1983年加固重修，2014年再次实施大修。现为全国重点文物保护单位、天津市文物保护单位和市级特殊保护等级历史风貌建筑。

— 宗教建筑 —

原崇德堂位于原法租界克雷孟梭广场以南，现为和平区营口道24号、承德道17号。该建筑建于1908年，占地面积约1100平方米，建筑面积约2000平方米，混合结构二层楼房，带半地下室。建筑平面为集合式住宅布局，附带小教堂。其立面以红砖为主，并用青砖砌筑拱券、壁柱及支撑拱券的圆柱，起到色彩对比强烈的装饰效果。半地下室由石材砌筑，首层由壁柱分隔形成二联拱券窗，二层为圆柱支撑的四联拱券窗，以此形成开敞的通廊，丰富了建筑造型。崇德堂是法国天主教会负责经营教会在津产业及房地产的机构。

现为居住、办公用房，被列为市级重点保护等级历史风貌建筑。

原崇德堂

— 宗教建筑 —

原圣心教堂

原圣心教堂位于原意租界大马路，现为河北区建国道。该建筑建于1922年，占地面积1200平方米，为二层砖木结构建筑，中部屋顶三层，为意大利文艺复兴后期教堂建筑风格。东、西、北三面凸出成三角形山墙并设拱窗，北侧山墙上方立有十字架。大堂位于建筑中央，顶端隆起八角形攒尖屋顶，各墙面上都开有圆形窗，窗间做壁柱装饰。整座建筑用红砖砌筑，屋顶覆盖红瓦，檐部、线脚、窗套等用白石砌成。

该建筑腾迁后被完整保留下来，被列为天津市一般保护等级历史风貌建筑。

— 宗教建筑 —

原基督教青年会

原基督教青年会位于南开区东马路。该建筑1913年5月23日开工兴建，1914年10月16日落成。楼高四层，砖混结构，内部以木质结构为主，占地面积1000平方米，建筑面积约4000平方米。按照当时国际青年会统一标准模式建造，是最具典型性的欧美教会式风格建筑。内有阅览室、会议室、健身房、礼堂、宿舍、教室及相关设施，在当时算是比较先进的。天津基督教青年会是由北美协会的来会理于1896年创办的，为中国第一个城市青年会。

该建筑现为天津市少年宫所在地，被列为市级重点保护等级历史风貌建筑。

— 宗教建筑 —

西开教堂

西开教堂位于原法租界教堂前大街，现为和平区西宁道11号。该建筑建于1916年，史称"圣味增爵堂"，后改名"圣若瑟堂"，因地处老西开，也叫"老西开教堂"。当时教堂位于华界，1916年10月20日，发生法租界巡捕将驻守张庄大桥的中国警察缴械拘禁的事件，引起天津市民大规模抗议活动。后来，这一地区长期维持中法共管局面。建筑平面呈十字形构图，高42米，三座巨大穹顶外包铜瓦，外墙采用红黄相间的缸砖砌筑，檐口下以扶壁连列柱券做装饰带，立面均为拱形窗。

现仍为天主教堂，被列为天津市文物保护单位和市级特殊保护等级历史风貌建筑。

— 宗教建筑 —

原共济会会所

原共济会会所位于原英租界马场道，现为和平区浙江路。该建筑建于1925年，为二层小坡顶楼房，砖混结构，花岗岩条石基坐，外墙为水泥断块饰面，对称布局，檐口线条丰富，正面最上端排列着植物造型的立体花边。主入口处设有两根爱奥尼克巨柱，正门上方为人字山花，尽显挺拔庄重。

该建筑整体保存基本完好，一、二层正面方窗及入口上方的山花被变更，左墙体加开了窗户。

— 宗教建筑 —

仓门口教堂

仓门口教堂位于南开区东门内大街，1860年由美国公理会创立。1900年被义和团烧毁，后重建。1910年，天津五大公会（美国公理会、美以美会，英国圣道堂、伦敦会、圣公会）所属七处会堂的华人牧师和信徒百余人，决意脱离外国差会并成立自立会，于是买下公理会的仓门口教堂。1932年由于信徒增加，在还清公理会的房款后，改建新堂。1934年在原址进行翻建，为两栋砖木结构二层楼房，后楼为圣堂，前楼为副堂。

"文革"期间，教堂房屋被占用。1982年恢复，2012年进行大修，被列为天津市重点保护等级历史风貌建筑。

— 宗教建筑 —

原安里甘教堂

原安里甘教堂位于原英租界咪哆士道，现为和平区浙江路与泰安道交口处。该建筑建于1936年，为砖木结构，设有地下室、钟楼、多坡屋顶，铺装牛舌瓦，屋顶中部立有尖顶塔楼。外檐均为青砖清水墙，立面以联排券柱和砖雕花饰做装饰带，门窗均有多重砖券，具有哥特式建筑风格。1893年，英租界工部局将咪哆士道（泰安道）与马场道东北端（浙江路）的一片沼泽地赠予教会。由于教堂原址为一片水塘，因此工程庞大，耗资甚巨，历时10年完成。1935年经历过一场重大火灾，大部分建筑被毁，1936年被修葺一新。

2006年，教堂周围的杂乱建筑被拆除，2009年对其进行大修，现被列为市级重点保护等级历史风貌建筑。

原犹太教堂

原犹太教堂位于原英租界小河道，现南京路55号，为犹太人拉比吉利舍维奇所建，砖木结构三层楼房，混水墙面。建筑造型强调竖向构图，尤其入口处的高耸尖拱，具有典型的犹太教的建筑特征。教堂于1937年筹建，1940年建成。1948年在津犹太人曾在此庆贺以色列建国。1955年犹太宗教公会将此教堂出售，同年8月改为天主教小营门教堂。

该建筑2010年进行恢复性整修，被列为市级特殊保护等级历史风貌建筑。